CONFÉRENCES DU MINISTÈRE DE LA GUERRE
1869-1870

CONFÉRENCE

SUR LA

MARCHE D'UN CORPS D'ARMÉE

PAR

M. LEWAL
Colonel d'état-major

Extraite de la *Revue militaire française*, janvier 1870.

PARIS
LIBRAIRIE MILITAIRE DE J. DUMAINE,
LIBRAIRE-ÉDITEUR DE L'EMPEREUR,
Rue et Passage Dauphine, 30.

1870

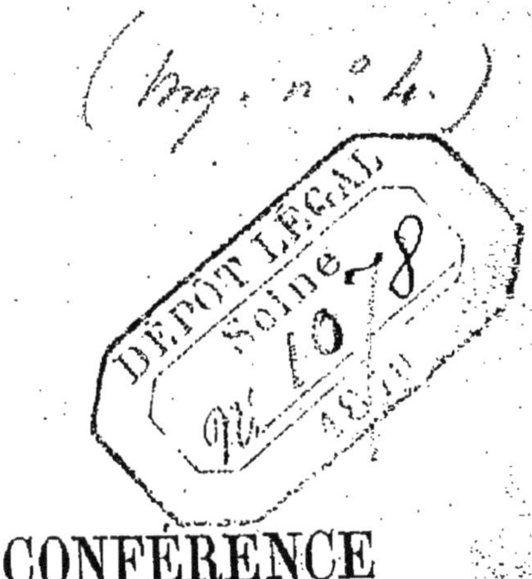

CONFÉRENCE

SUR LA

MARCHE D'UN CORPS D'ARMÉE

Paris.—Imp. de Cosse et J. Dumaine, rue Christine, 2.

CONFÉRENCES DU MINISTÈRE DE LA GUERRE
1869-1870

CONFÉRENCE

SUR LA

MARCHE D'UN CORPS D'ARMÉE

PAR

M. LEWAL
Colonel d'état-major

Extraite de la *Revue militaire française*, janvier 1870.

PARIS
LIBRAIRIE MILITAIRE DE J. DUMAINE,
LIBRAIRE-ÉDITEUR DE L'EMPEREUR,
Rue et Passage Dauphine, 30.

1870

2e *série*.—N° 1.

CONFÉRENCE

SUR LA

MARCHE D'UN CORPS D'ARMÉE

Messieurs,

J'ai l'honneur de soumettre à votre appréciation les résultats d'une étude sur la marche d'un corps d'armée. Je ne veux point traiter ici la question générale des marches, mais m'occuper uniquement de la translation d'un corps d'armée d'un point à un autre. Je désire me restreindre à cette question spéciale, en écartant toutes celles qui s'y rattachent plus ou moins intimement.

« Si l'on classe les connaissances militaires « relativement à leur degré d'importance, les « marches sont incontestablement la partie la « plus essentielle du grand art de la guerre. » (De Ternay, *Traité de tactique*, t. I, p. 1.)

Cela est d'autant plus vrai que les armées deviennent plus nombreuses. Bien que les voies de communication se soient multipliées, il s'en présentera rarement un nombre suffisant pour permettre de marcher par division. La règle sera la marche par corps d'armée. Son étude présente le plus d'intérêt à cause de ses difficultés. Le problème résolu pour le corps d'armée devient très-simple pour une division.

Le but à atteindre, les nécessités qui s'imposent, les relations forcées entre les divers éléments, les calculs de longueur, de distance, de temps et de vitesse sont les éléments théoriques qui permettent de tracer les règles idéales du mouvement.

La difficulté des lieux, les obstacles, les conditions climatériques, l'état de santé des hommes, l'inobservance involontaire ou forcée de certaines prescriptions, les circonstances relatives à la proximité ou à l'éloignement de l'ennemi constituent les éléments variables pour lesquels nous sommes obligés de demander à l'expérience des données moyennes, qui se rapprochent plus ou moins de la vérité absolue.

Pour arriver à un résultat pratique, il faut utiliser ces deux séries de données, et le problème est très-complexe.

Nécessité d'un ordre normal. — Si l'on considère le mouvement quotidien d'une si grande quantité d'hommes, de chevaux et de voitures, on reconnaîtra combien il est difficile de l'organiser sans confusion en l'absence de principes fixes.

Il ne faut pas objecter qu'un système déterminé ou des prescriptions positives enchaîneront l'action du commandement, paralyseront les inspirations heureuses ou nuiront aux conceptions hardies. S'il devait en être ainsi, les principes seraient faux, les règles mauvaises, et on devrait les rejeter.

Si au contraire le système tracé a la souplesse et l'élasticité nécessaires pour se prêter à toutes les éventualités, il cesse d'être un inconvénient et devient un avantage en rendant plus prompte et meilleure l'exécution des combinaisons du chef.

La nécessité des règles n'a pas échappé au maréchal Bugeaud :

« ... Si l'on n'est pas fixé à l'avance sur les « principes, sera-t-on assuré de les appliquer au « moment du danger ? Non, il ne faut pas se li- « vrer au hasard de l'inspiration dans des choses « aussi majeures ; il faut avoir des principes. Il « y a bien assez des incidents qu'on ne peut pré- « voir, sans laisser encore dans le vague des « questions qui peuvent être résolues par anti- « cipation, à l'aide d'un raisonnement sain. »

La doctrine de l'insouciance, compensée par une grande promptitude à se débrouiller, a toujours été dangereuse. Elle sera encore plus funeste dans les conditions nouvelles des opérations. « Ce qui est fait sans principes arrêtés « donne trop de chances au hasard. » (Decker, *Tactique des trois armes*, p. 28.) Il est donc sage de mettre de son côté le plus de chances possible de succès. La première des qualités de l'homme de guerre, c'est la prévoyance. Bien appliquée, elle permet de faire face à toutes les éventualités. Elles sont nombreuses sur un théâtre d'opérations, variées, soudaines, inattendues. Comment se débrouiller dans ces moments de complications violentes, si des principes positifs et des règles fixes ne viennent pas seconder l'action du chef, qui ne peut tout faire, tout prescrire, tout expliquer en un moment? Le service en campagne a posé des règles générales pour les combats. Il n'y a pas d'exemple qu'on se soit mal trouvé de les avoir observées.

Il en est de même des marches. Il y a des conditions indispensables à leur bonne exécution aussi bien que des données identiques et permanentes. C'est une erreur de prétendre que, les circonstances et le terrain variant sans cesse, il est impossible d'établir des règles normales. La pratique montre que, neuf fois sur dix, l'ordre de marche est le même et qu'il subit très-rarement quelques modifications. Le raisonnement établit plus nettement encore la nécessité d'un ordre normal.

« On doit toujours être en mesure de com« battre et d'employer tous ses éléments de la « manière la plus utile. » (Thiébaut, p. 282.) La multiplicité des éventualités force à adopter une moyenne, une résultante de toutes les dispositions qui pourraient être prises dans ces diverses hypothèses. Cette disposition sera la formation type normale habituelle. Les modifications qu'elle pourra subir, dans des circonstances particulières, n'en altéreront pas sensiblement l'ensemble. Cette formation normale est non-seulement nécessaire, mais il y aurait danger à agir autrement. « Il faut éviter les ordres de marche calculés sur « une seule circonstance. Ils peuvent causer un « grand embarras en cas d'événement imprévu.» (De Ternay, t. I, p. 86.)

Il est donc intéressant de rechercher quels sont les principes et les règles dont l'application est pour ainsi dire constante. Leur fixité rend les devoirs de tous plus faciles ; elle assure une exécution plus correcte et plus rapide. Chacun connaît toujours exactement sa position relative et celle des autres. Les mêmes hommes doivent autant que possible faire les mêmes choses, savoir à l'avance qu'ils auront à les exécuter et de quoi ils sont chargés ou responsables. De cette manière il n'y a ni hésitation ni erreur. On trouve facilement les éléments dont on a besoin. La confusion, le désordre est évité, quoi qu'il arrive, et les résultats doivent être plus avantageux à tous les points de vue. Il est incontestable que « la « manière dont la machine militaire est montée « à l'ouverture de la campagne influe toujours « beaucoup sur la manière dont elle se soutient « pendant tout son cours. » (De Ternay, t. I, p. 4.)

Principes de formation des colonnes. — Une fois les opérations commencées, il faut prendre les précautions et formations de guerre et les observer constamment. Près de l'ennemi, la sécurité le commande. Loin de l'ennemi, la prévoyance le conseille également. Chacun doit s'habituer à l'avance à la vigilance, au mécanisme de la colonne, aux détails de la marche. Il est essentiel qu'à tous les degrés on prenne le pli, afin que rien ne soit négligé ; qu'on s'accoutume à un certain ensemble de dispositions; qu'on les connaisse à fond, et qu'elles s'appliquent régulièrement.

« Les marches causent des pertes comme les « batailles. Elles exigent une déperdition consi- « dérable de forces, qui augmente en raison de « leur longueur. Par conséquent, si les grands « mouvements produisent à la guerre de si « grands résultats, il faut compter d'avance sur « une grande déperdition de forces. » (Clausewitz.) Il importe, par conséquent, d'utiliser le mieux possible les forces des hommes, et de les ménager pour éviter les pertes. La marche devra donc être la plus longue possible, dans le temps le plus court, avec le moins de fatigue pour les troupes, et donner la faculté de combattre dans toutes les alternatives.

L'ensemble des procédés qui permettent d'atteindre ce but constitue la tactique de marche.

« La tactique proégétique est l'art de faire

« marcher les troupes de manière à les fatiguer « le moins possible, sous le rapport de la vitesse, « du but de la marche et du passage au combat. » (Rustow, *l'Art militaire au dix-neuvième siècle*, t. I, p. 384.)

La marche s'opère en vue du combat. Le combat est le but, la marche est le moyen d'y arriver. Dans la colonne, les éléments de combat, c'est-à-dire les différentes fractions de troupes, doivent être classés dans l'ordre où ils doivent prendre part au combat. « L'ordre de marche doit toujours être analogue à ceux de camper et de combattre, et être réglé par eux. » (Lloyd.)

Si le dispositif de combat était connu, celui de marche s'ensuivrait, en ployant tout l'ordre de bataille sur un point quelconque, comme on le fait aux évolutions de ligne. On obtiendrait ainsi l'ordre logique, rationnel en colonne, puisqu'un simple déploiement, inverse du ploiement, reproduirait l'ordre de combat désiré.

Esquisse de l'ordre préparatoire de combat. — Il n'y a pas d'ordre normal de combat, cela est certain. Les dispositions varient à l'infini. Les doctrinaires les ont classées par genres et variétés. Rustow compte douze ordres de bataille différents (t. I, p. 374). Ce qui n'est pas moins certain, c'est que l'ordre de combat définitif ne sort pas instantanément de la tête du commandant. Il ne peut s'engager sans s'être renseigné sur la situation, le terrain et les dispositions de l'ennemi. Cela demande un temps assez long, et ce n'est qu'après cet examen que les résolutions peuvent être arrêtées.

Il serait funeste d'attendre ce moment sans rien faire. Le temps est alors une valeur précieuse qu'il faut bien employer. Dès que l'ennemi est signalé, la colonne de marche doit se rompre au plus vite, alors que son chef n'a pas tous les renseignements nécessaires pour arrêter un plan, alors qu'il ne sait pas encore comment il attaquera ou sera attaqué.

Tout est dans le doute, et il faut impérieusement agir.

Entre l'ordre de combat définitif et l'ordre de marche, il y a forcément une transition. Ce dispositif préalable est l'ordre préparatoire de combat. Cette première phase est inévitable. Son caractère est essentiellement expectant. La formation à prendre doit se prêter à toutes les modifications. « L'ordre de bataille, l'ordre habituel, doit être celui « qui convient le plus souvent au terrain et aux « circonstances, et qui procure la facilité de le « changer dans le moins de temps et avec le « plus d'ordre possible. » (Morand, p. 143.)

Ces conditions indiquent clairement que l'ordre préparatoire de combat sera toujours sensiblement le même. Il variera sans doute dans quelques détails d'exécution, mais ces nuances n'altéreront en rien les lignes principales du dispositif général. Cette nécessité n'a pas échappé aux écrivains militaires modernes. « Il est bon « d'avoir un ordre de bataille déterminé d'avance, « pour une armée ou pour un corps d'armée, à « la condition qu'il soit convenablement choisi, « et en second lieu qu'il ne soit réellement qu'un « jalon pour la première formation de troupes, « ce qui aplanit pour le général en chef bien des « difficultés. » (Rustow, *l'Art de la guerre au dix-neuvième siècle*, t. II, p. 16.)

Ce dispositif préparatoire est commandé par la nature des faits successifs qui constituent l'engagement. Les troupes avancées rencontrent l'ennemi. Elles balayent ses éclaireurs, reconnaissent sa force et se saisissent immédiatement des points avantageux qui favoriseront l'offensive ou appuieront la résistance.

Pendant ces opérations préliminaires, le commandant du corps d'armée étudie son dispositif d'attaque; mais dès qu'il y a chance probable d'engagement, il prescrit de rompre la colonne de marche et de prendre l'ordre préparatoire de combat.

Toutes les forces ne s'engagent pas en même temps. Les premières troupes aux prises sont renforcées par celles qui surviennent, et ce n'est que progressivement que l'ordre de bataille définitif se trouve constitué.

Il est nécessaire de faire la part de l'imprévu et de garder disponible une portion de ses éléments pour porter un coup décisif, permettre le ralliement en cas d'échec, ou poursuivre l'ennemi. C'est le rôle de la réserve. Le dispositif préparatoire de combat est donc un ordre oblique échelonné, constitué par deux lignes simples ou doubles et une réserve.

Quand bien même on voudrait se former complétement soit pour attendre l'ennemi, soit pour se porter sur lui, on serait encore obligé d'adopter cette même disposition. D'une part, il est vicieux de changer d'ordre une fois l'engagement commencé, et il convient de se ménager la faculté de le modifier peu à peu. D'autre part, il serait mauvais de montrer au début à l'ennemi dans quel ordre on prétend le combattre. Il est habile de le laisser dans l'incertitude des dispositions définitives qu'on veut prendre, comme du point décisif sur lequel on a l'intention de faire effort.

Au début d'une action on ne peut préjuger exactement ce que l'ennemi entreprendra, ou ce qu'il sera possible de tenter contre lui. Ce n'est que peu à peu que la situation se dessine, et qu'elle permet alors de compléter en connaissance de cause le dispositif définitif de combat. Les troupes doivent donc être échelonnées pour pouvoir être dirigées à mesure des besoins sur les points importants.

La force des choses l'exige ainsi, et la logique l'indique également. Il est prudent de n'exposer d'abord au feu de l'ennemi que le moins de forces possible, d'abriter le reste, jusqu'à ce que l'adversaire ait démasqué ses intentions.

Ce dispositif préparatoire composé de lignes de bataillons en colonnes permet de marcher commodément. Il satisfait parfaitement à la double condition de se mouvoir et de prendre telle formation qui conviendra. Il est, en effet, de principe que les troupes doivent rester le plus longtemps possible en colonnes pour mieux marcher et se porter là où il convient, se couvrir du terrain et ne se déployer qu'au moment opportun. Cette disposition répond également aux nécessités préventives du combat, car elle est réellement un ordre de bataille. « Etre en bataille, « c'est être hors du danger d'être surpris et prêt « à recevoir le combat ou à l'engager. » (Morand, p. 142.)

Une double ligne de colonnes de bataillon, la première couverte de tirailleurs, se présente donc comme l'ordre primitif et fondamental de bataille. C'est un ordre logique, simple, maniable, se prêtant à tous les terrains et à toutes les combinaisons. L'expérience confirme la théorie : « J'ai vu de bons généraux vaincre et n'em« ployer pour vaincre que des colonnes de ba« taillon. Pour mon compte, j'ai expérimenté « pendant quinze ans cette méthode et j'ai ob« tenu un succès constant. » (Morand, p. 153.) Ce mode de formation est également recommandé par Decker, qui le proclame excellent.

(*Tactique des trois armes*, p. 13.) C'est aussi l'opinion du général Thiébaut : « Il y a donc « tout intérêt, même à portée de l'ennemi, « à multiplier les colonnes, attendu qu'il n'en « résulte que plus de rapidité et d'exactitude « dans les mouvements. » (*Manuel des états-majors*, p. 281.)

Cet ordre est susceptible de toutes les nuances imaginables, mais il n'en constitue pas moins un type unique, utile et avantageux.

Les phases du combat consistent à engager l'affaire, la développer, et décider le succès. Elles conduisent au fractionnement d'un corps d'armée en trois groupes pour répondre à ces trois nécessités : « De cette manière, dit Jo- « mini, l'ordre de bataille présente trois grandes « masses échelonnées à des distances inégales « les unes des autres ; la plus avancée seule « est engagée d'abord : les deux autres se tien- « nent à même de la soutenir ou de la rempla- « cer. » (*Traité des grandes opérations.*) C'est l'infanterie qui constitue essentiellement ces trois masses.

Place de l'artillerie en bataille. — Le combat est commencé par l'artillerie, dont la portée est la plus longue. C'est sous sa protection que les colonnes de marche peuvent se rompre. C'est elle qui prépare les attaques. Par ces trois motifs sa place est en avant des lignes d'infanterie.

L'obligation de ne pas gêner les troupes, d'avoir un champ visuel étendu, de trouver des positions avantageuses, de flanquer les attaques, de pouvoir prolonger son tir jusqu'au dernier moment, conduit à disposer l'artillerie par batteries isolées, aux extrémités des lignes et quelquefois au centre. Cette disposition, loin d'affaiblir la puissance de l'artillerie, augmente son efficacité.

L'opinion opposée est soutenue par le général commandant l'artillerie de la garde prussienne, dans une conférence qu'il a faite devant la Société militaire de Berlin, au mois de mars dernier. Il demande la réunion des 4 batteries divisionnaires. Il donne, comme raisons, plus de rapidité dans le règlement du tir et plus de facilité dans la transmission des ordres.

Ces motifs sont primés par d'autres plus importants :

1° Il est très-essentiel que l'artillerie abrite son front et couvre, s'il est possible, un de ses flancs. Ces conditions peuvent être remplies pour 1 batterie qui occupe 100 mètres ; mais cela devient à peu près impossible pour 4 batteries qui occuperont 500 mètres.

2° On révèle à l'ennemi le projet d'attaque, et on lui montre tout ce qu'on possède d'artillerie dans cette batterie unique ; tandis que des batteries disséminées le tiennent dans le doute et divisent son attention.

3° On nuit à la mobilité de l'artillerie en enchaînant les batteries les unes aux autres et en les obligeant à de lentes évolutions. On se prive de l'avantage de faire apparaître inopinément une batterie sur des points divers.

4° On ne bat le point essentiel que d'une seule manière, et l'ennemi peut plus facilement se défiler.

5° Plusieurs batteries réunies constituent une large trouée dans la ligne de bataille et y forment un point faible.

Ce qui importe n'est pas de réunir les batteries, mais de faire converger leurs feux. « Il « faut toujours réunir beaucoup de feux sur les « points qu'on veut battre; mais il ne s'ensuit « pas de ce principe qu'on doive réunir trop « d'artillerie sur un seul et même emplacement ; « ce serait donner trop de prise au feu de l'en- « nemi et diminuer la quantité de feux croisés.» (De Ternay, t. I, p. 287.) Ce précepte est reproduit dans l'*Aide-mémoire d'artillerie* : « Dispo- « ser les batteries de manière à ce qu'elles « croisent leurs feux pour se protéger récipro- « quement. » (P. 564.) Dans les *Observations sur le service de l'artillerie en campagne*, on indique également que les feux des batteries doivent se croiser en avant de la ligne de bataille. (P. 31.)

L'artillerie de réserve peut agir en masse et employer les évolutions ; mais l'artillerie divisionnaire doit se distinguer par sa mobilité ; éviter toute manœuvre, toute formation lente ; changer lestement de place, dérouter l'ennemi ; en un mot combattre pour ainsi dire en tirailleurs.

Guibert fait encore mieux sentir la nécessité de la convergence des feux. Selon lui, « l'artillerie est aux troupes, dans tous les ordres de « bataille, ce que les flancs sont aux ouvrages « de fortification ».

Napoléon Ier n'est pas moins affirmatif : « L'art, dit-il, consiste à présent à faire converger un graud nombre de feux sur un même « point. » Si, dans ses opérations, il a fait plus d'usage des concentrations de pièces que de la convergence des feux, c'est que ses canons avaient une portée très-limitée. Cependant Austerlitz, Friedland, Lutzen offrent des exemples très-frappants de batteries séparées portant leurs feux sur un même point.

D'après cela, il convient de placer deux des batteries divisionnaires vers les extrémités de la première ligne et la 3e sur le flanc de la deuxième ligne, prête à se porter à la première. Les batteries de réserve se tiendront près de la réserve d'infanterie.

Place de la cavalerie divisionnaire. — La cavalerie divisionnaire a un rôle marqué qui a été parfaitement défini dans les instructions de l'an passé sur l'emploi de cette arme. A part quelques actions en fourrageurs au début, la cavalerie va prendre d'abord une position d'expectative. « Les charges de la cavalerie n'ont lieu que par « exception au début d'une action. » (Decker, p. 22.) Elle doit attendre que le combat se dessine, que l'ennemi fasse des fautes, souffre, flotte ou manœuvre.

Les irruptions rapides de la cavalerie doivent s'opérer sans interrompre habituellement le feu de l'artillerie ou de l'infanterie, et surtout sans apporter aucune perturbation dans les mouvements de ces deux armes.

La place ordinaire du régiment divisionnaire est un peu au delà et en arrière de l'aile la plus avancée de la première ligne de la division. Il ne doit jamais être morcelé. Sa formation devrait être en quatre-colonnes par peloton à même hauteur, ordre qui donne une grande mobilité à la cavalerie et permet de la couvrir facilement par le terrain.

Place des réserves de munitions. — Les réserves de munitions divisionnaires suivront d'aussi près que possible les troupes engagées. Leur place est au centre et en arrière de la ligne s'il n'y en a qu'une, de la deuxième s'il y en a deux.

Place des ambulances divisionnaires. — L'obligation de donner de prompts secours aux blessés et d'éviter leur transport à de trop grandes distances, fixe la place des ambulances divisionnaires derrière le centre du combat de chaque division et le plus près possible des lignes, à la seule condition d'être défilées du feu de l'ennemi.

Place des réserves. — Dans un corps d'armée il n'y a qu'une seule réserve pour tout le corps. Chaque division ne constitue pas la sienne. Ce serait diviser la puissance de cette force si importante. La réserve du corps d'armée n'a pas de rôle au début de l'engagement. Il faut la conserver fraîche et intacte pour un décisif effort. Celui qui engage sa réserve le dernier a l'avantage. Son action est donc tardive et il n'y a pas d'inconvénient à ce qu'elle se trouve un peu loin au début du combat. Elle aura toujours le temps de se rapprocher. L'infanterie formera une ligne de colonnes de bataillon généralement en ordre serré, ayant sur ses ailes ses batteries divisionnaires et derrière elle la cavalerie du corps d'armée ainsi que les batteries de réserve.

Place des convois. — Chaque division possède son convoi spécial. Les services du corps d'armée en forment un distinct.

Ces convois n'ont que faire près du théâtre du combat. Ils seraient inutilement exposés, et leur proximité des lignes deviendrait un danger si l'on voulait prendre une position plus en arrière ou rétrograder.

Leur place, naturellement indiquée, est assez loin en arrière des réserves de troupes. Leur disposition la plus rationnelle consiste à serrer dans l'ordre de marche en plusieurs colonnes parallèles : le convoi du quartier général au centre, ceux des divisions à droite et à gauche, tous prêts à se mettre en mouvement pour suivre les troupes si elles se portent en avant, à les rallier si elles s'arrêtent.

Une petite force sera chargée de leur surveillance et d'y maintenir l'ordre.

Organisation de la colonne de marche. — L'ordre préparatoire de combat montre ainsi cinq à six lignes ou groupes successifs. Si nous imaginons que chaque groupe ploie ses éléments en colonne dans sa formation de bataille, nous obtiendrons l'ordre logique de la colonne de marche.

Place de la cavalerie dans la colonne. — L'inconvénient d'astreindre la cavalerie à l'allure de l'infanterie apporte seul une dérogation à cet ordre. Il ne faut pas de cavalerie dans l'intérieur de la colonne. Ce principe semble absolu, bien que les Prussiens agissent différemment aujourd'hui et que cet usage ait souvent prévalu dans les guerres du premier Empire. La place de la cavalerie serait en tête de la colonne ; mais une trop grande quantité deviendrait souvent dangereuse ou gênante. Il est préférable de la partager entre la tête et la queue de la colonne.

Place du génie dans la colonne. — Le génie

trouve sa place vers la tête de chaque division ; le génie de réserve en tête du convoi.

Place de l'artillerie dans la colonne. — Les batteries divisionnaires sont disposées dans l'ordre en colonne comme dans l'ordre en bataille. 2 marchent avec la 1re brigade : l'une derrière le 1er bataillon, l'autre avant le dernier. La 3e batterie se tient derrière le 1er bataillon de la 2e brigade. De cette manière, si l'on déploie la division, une brigade dans chaque ligne ou par brigades accolées, il y aura toujours 2 batteries à la 1re ligne et une à la seconde, ce qui est conforme aux exigences de l'ordre de bataille.

Les batteries de réserve suivent la réserve d'infanterie. S'il y avait à redouter quelque chose pour elles, elle s'intercaleraient au milieu de la réserve d'infanterie.

Sous le premier Empire, les ordres de marche offrent en général une disposition uniforme. L'artillerie divisionnaire se tenait plutôt en arrière qu'en avant. A part une section à la tête de la 1re brigade, toutes les pièces étaient au centre de la 2e. L'artillerie de réserve se plaçait presque toujours à la suite des divisions. Tantôt on la faisait escorter par un bataillon, tantôt on la mettait au centre d'une brigade de cavalerie. Les deux ordres de marche suivants, relevés sur les registres des états-majors, donnent des exemples de ces dispositions.

6e corps. — Ordre de marche du 26 septembre 1805.

DIVISION DUPONT.

Général Rouyer . . .	1 escadron du 1er de hussards.
	2 sections de voltigeurs.
	2 sections de carabiniers.
	2 pièces.
	2 bataillons du 9e léger.
	3 escadrons du 1er de hussards.
Général Marchand . .	2 bataillons du 32e.
	6 pièces.
	2 bataillons du 96e.
	Gendarmerie.

DIVISION LOISON.

Général Vilatte . . .	1 bataillon du 6e léger.
	2 pièces.
	1 bataillon du 6e léger.
	2 bataillons du 39e.
Général Roguet . . .	2 bataillons du 69e.
	6 pièces.
	3 bataillons du 76e.
	Gendarmerie.

DIVISION MALHER.

Général Marcognet . .	1 bataillon du 25e léger.
	2 pièces.
	2 bataillons du 25e léger.
	2 bataillons du 27e.
Général Laballée . . .	2 bataillons du 50e.
	6 pièces.
	2 bataillons du 59e.

GÉNÉRAL DE DIVISION TILLY.

Général Duprés. . . { 3e de hussards.
12 pièces.
10e de chasseurs à cheval.

Parc d'artillerie. — Administration et vivres. — Bagages.
4 compagnies du 59e. — Gendarmerie.

2e corps. — Ordre de mouvement du 19 août 1813.

(A UNE HEURE DU MATIN.)

« Le 2e corps se mettra en marche à cinq « heures précises du matin aujourd'hui, pour se « diriger sur Eckersberg, puis Zittau. Les divi- « sions marcheront selon leur ordre de numéro, « la 4e ouvrant la marche, la 5e suivant la 4e et « la 6e après la 5e. L'artillerie à cheval mar- « chera avec l'avant-garde, composée du 24e lé- « ger. Le parc et la réserve d'artillerie suivront « immédiatement la 6e division sous l'escorte « d'un bataillon. Les équipages militaires sui- « vront le parc d'artillerie le plus près possible « sous le commandement du major Bron, qui « les fera escorter par ses trois compagnies de « sapeurs. Les troupes marcheront, autant que « le terrain le permettra, en colonne par sec- « tion et demi-section. »

L'usage français actuel tend à mettre plus d'artillerie vers la tête de la colonne ; 1 section après le 1er bataillon de la 1re brigade, puis le

2

reste de l'artillerie divisionnaire entre les 2 brigades. L'artillerie de réserve est tantôt placée à la queue de la colonne, et tantôt avant la dernière division. On a fait également l'un et l'autre.

La position de l'artillerie de réserve en avant d'une portion de troupes d'infanterie a l'inconvénient d'éloigner celles-ci des lignes de combat et de retarder leur arrivée sur le champ de bataille. Placées à la queue de la colonne, les batteries de réserve, pouvant prendre le trot, arriveront toujours assez à temps. Ce poste leur convient encore parce que la queue de la colonne est un point faible et qu'en cas de surprise leur feu compenserait durant un certain temps l'infériorité numérique des troupes de la gauche.

La tendance des Prussiens est, comme la nôtre, de pousser l'artillerie vers les têtes de colonne, mais ils semblent exagérer beaucoup ce système, à en juger par la conférence du général commandant l'artillerie de la garde royale.

Chez cet officier général, le groupement des batteries est la pensée dominante. Il ne se fait aucun scrupule de distraire les batteries divisionnaires, pour les réunir, à l'occasion, à la réserve. C'est la conséquence de l'ardeur extrême qui paraît régner dans les esprits de nos voisins. Possédés du désir de l'initiative dont ils ont si longtemps manqué, et qui n'est peut-être pas le caractère propre de leur nation, ils semblent croire que l'ordre la paralyse, et ils sont arrivés à une confusion qu'ils cherchent à atténuer aujourd'hui. Dans la colonne comme en bataille, le prince de Hohenlohe réunit le plus possible les batteries.

Avec la cavalerie d'avant-garde, il met 1 batterie à cheval ; avec la brigade d'infanterie d'avant-garde, 2 ou 3 batteries derrière le 1er bataillon ou derrière le 1er régiment. Avec le gros de la colonne, composé de 1 division, il veut les 4 batteries divisionnaires et les 6 batteries de réserve augmentées de 2 batteries de la brigade d'infanterie de réserve.

« La réserve d'artillerie marche derrière le « 1er régiment ou la 1re brigade du gros de la « colonne. Sa place la plus éloignée serait en « queue du gros. *Dans tous les cas, elle doi « précéder la réserve d'infanterie.* L'artillerie di- « visionnaire est réunie derrière le 1er bataillon « ou le 1er régiment. Si cette place se trouvait « prise par l'artillerie de réserve, on pourrait lui « en affecter une autre entre les 2 brigades d'in- « fanterie.

« On pourrait, ajoute-t-il, reprocher à ces prin- « cipes de rejeter trop en arrière les troupes d'in- « fanterie. La 2e brigade du gros et la réserve « d'infanterie se trouveront reculées de la lon- « gueur de 10 batteries. Elles occupent en co- « lonne un peu plus de 3,000 pas, que l'infanterie

« ne parcourt pas en moins de trente minutes.
« C'est donc une demi-heure de retard qui sera
« mise à profit *pour préparer le choc décisif par
« un feu puissant et soutenu.*»

Ce retard est déjà bien grave. L'allongement de la colonne l'augmentera beaucoup, et par suite la moitié de l'infanterie du corps d'armée se trouvera retardée de cinquante minutes au moins. Il est bien difficile de supposer que le feu des batteries de réserve puisse compenser un pareil retard.

La théorie de la conférence prussienne est du reste assez étrange. «Il appartient, y est-il dit, à
« l'artillerie de réserve de préparer l'attaque prin-
« cipale du gros, et elle sera généralement enga-
« gée un temps assez notable avant lui. *Elle ne
« devra pas faire partie des troupes de réserve,
« mais des troupes de bataille. Aussi n'appartient-
« elle pas à la réserve du corps d'armée, mais
« bien aux corps de bataille principaux.* »

Il y a là une singulière inconséquence. Qu'est-ce que des batteries de réserve qui n'appartiennent pas à la réserve? Qu'est-ce que des batteries de réserve qui appartiennent aux corps de bataille? Qu'est-ce que des batteries de réserve qui s'engagent avant les batteries divisionnaires? Il faudrait alors changer les noms, qui n'expriment plus qu'un contre-sens.

Si l'on soutenait que les batteries divisionnaires ne sont pas assez nombreuses et qu'il y a lieu de les augmenter, cela serait fort juste. Mais les Prussiens ayant 4 batteries par division, l'inconvénient est moindre qu'en France.

Si la réserve d'artillerie est engagée tout d'abord, elle consommera beaucoup, elle souffrira longtemps, et elle fera peu de mal à l'ennemi, généralement assez bien couvert au début de l'engagement. N'est-ce pas un mauvais calcul que d'engager ainsi toutes ses ressources, et cette disposition plus imprudente qu'audacieuse n'est-elle pas une réaction contre le rôle un peu effacé de l'artillerie prussienne à Sadowa? Cette réaction semble dépasser le but, et la position proposée pour l'artillerie prussienne en bataille, et surtout en colonne, semble peu logique.

Ce système ne paraît pas du reste avoir prévalu encore, si l'on en juge par un exemple tout récent.

Aux manœuvres de Stargardt, en septembre dernier, le 2e corps prussien comprenait 31 escadrons, 22 bataillons et 15 batteries. Il était ainsi disposé en ordre de rassemblement :

AVANT-GARDE.

1re ligne. . . .	1 régiment de hussards.	5 escadrons.
2e ligne. . . .	3 bataillons.	6 bataillons.
3e ligne. . . .	2 bataillons.	2 batteries.
4e ligne. . . .	Bataillons de chasseurs.	
5e ligne. . . .	2 batteries.	

GROS.

1re ligne. . . .	2 brigades d'infanterie formant 2 lignes.	12 bataillons. 4 batteries. 5 escadrons.
2e ligne. . . .		
3e ligne. . . .	4 batteries.	
4e ligne. . . .	1 régiment de dragons. .	

RÉSERVE.

1re ligne. . . .	4 régiments de cavalerie.	18 escadrons. 4 bataillons. 7 batteries.
2e ligne. . . .	1 batterie.	
3e ligne. . . .	1 brigade sur 2 lignes.	
4e ligne. . . .		
5e ligne. . . .	2 batteries.	
6e ligne. . . .	4 batteries.	

En résumé : 28 escadrons, 20 bataillons, 13 batteries.

On avait distrait du corps d'armée, pour représenter l'ennemi, 2 bataillons, 3 escadrons et 2 batteries.

Cette répartition des troupes dans les trois groupes se rapproche bien plus des usages français que des préceptes du commandant de l'artillerie de la garde royale, puisque, sur 13 batteries, il y en a 7 à la réserve.

Qu'on augmente beaucoup le nombre des batteries divisionnaires, soit; mais la place des batteries de réserve est auprès de la réserve d'infanterie et non ailleurs.

Place des réserves de munitions en colonne. — L'approvisionnement des munitions exige que les réserves divisionnaires ne se séparent jamais de leur division. Elles marcheront donc dans la colonne à la suite de chaque division. Elles seront toujours prêtes à se fractionner par moitié ou par quart, pour marcher avec la brigade ou le régiment qui viendrait à être détaché.

La réserve générale de munitions du corps d'armée fait partie du parc et n'a pas besoin d'être aussi près des troupes. Les approvisionnements de batteries et les réserves divisionnaires suffisent et au delà pour une bataille. La réserve générale doit donc rester au convoi.

Place des ambulances en colonne. — Des considérations analogues s'appliquent aux ambulances. Chaque ambulance divisionnaire doit suivre dans la colonne la réserve de munitions de sa division. L'ambulance du quartier général marche avec le convoi.

Convoi. — La colonne, ou le corps d'armée de combat, comprend toutes les troupes d'infanterie, moins une petite force au convoi; toute la cavalerie, moins un petit détachement au convoi; toutes les batteries, les réserves de munitions, les compagnies du génie, les ambulances divisionnaires et le service télégraphique.

Le convoi est formé par tout le reste, savoir :

Pour le quartier général : le génie de réserve, l'équipage de ponts, l'ambulance de réserve, le parc d'artillerie, le parc du génie, le parc des équipages, les réserves de matériel administratif, le trésor du quartier général, le service des subsistances et du campement, les bagages, la prévôté ;

Pour chaque division : le trésor divisionnaire, les subsistances et le campement, les bagages, la prévôté.

Décomposition de la colonne en fractions principales. — Il serait presque impossible de faire marcher un corps d'armée entier en une masse compacte. Il est indispensable de le scinder en un certain nombre de fractions principales qui se subdivisent elles-mêmes en groupes. Les fractions déterminées par l'ordre de bataille sont les mêmes dans la colonne. Elle prennent seulement d'autres noms :

1° Les troupes avancées deviennent l'avant-garde de cavalerie ;

2° La première ligne, l'avant-garde d'infanterie ;

3° La deuxième ligne, le gros de la colonne ;

4° La réserve conserve son nom ;

5° Le convoi, de même ;

6° La garde du convoi devient l'arrière-garde.

Pour apprécier l'importance relative de ces différentes fractions, il est nécessaire de s'appuyer sur des chiffres et de prendre un corps d'armée hypothétique sur l'effectif duquel on puisse raisonner. Entre la compagnie à 80 files qui produit le bataillon de 1,000 hommes, la division de 13,356 et le corps de 49,814 hommes; et la compagnie à 35 files qui donne le bataillon de 459 hommes, la division de 6,297 et le corps de 26,757 hommes, choisissons une moyenne : par exemple, le peloton d'infanterie de 60 files, engendrant le bataillon de 753 hommes et l'escadron de cavalerie de 54 files, ayant un effectif de 114 hommes.

Partant de ces bases, nous pouvons composer l'effectif d'un corps d'armée à 3 et à 2 divisions. Cette composition est présentée dans les tableaux suivants.

Les chiffres qu'ils contiennent n'ont d'autre but que d'indiquer une méthode à suivre dans les calculs et d'offrir à la discussion une base moyenne. Ils ne sauraient, bien entendu, être adoptés comme effectifs réels. Ceux-ci varient à chaque formation d'armée et sont souvent différents pour les corps d'une même armée.

Tableau n° 1. — Une division.

DÉSIGNATION.	EFFECTIF.					VOITURES				ESPACE OCCUPÉ			
	Officiers.	Troupes.	ANIMAUX. Selle.	Trait.	Mulets.	à 2 roues	à 4 roues	Bagages.	Cantiniers.	en bataille.	par le flanc, voitures par 1.	en colonne serrée par 1/2 section, voitures par 2.	par le flanc, voitures par 2.
Une compagnie (*)	3	125	—	—	—	—	—	—	—	39.6	39.6	17	39.6
Un bataillon	21	753	4	4	1	—	—	3	1	237.6	237.6	117	237.6
Un régiment	68	2335	20	14	8	—	—	11	3	744.8 (a)	736.8 (a)	375 (b)	736.8 (a)
Etat-major de régiment	—	—	—	—	—	—	—	—	—	—	30	30	30
Etat-major de brigade.	—	—	—	—	—	—	—	—	—	—	20	20	20
Etat-major de division.	25	32	85	—	—	—	—	—	—	—	40	40	40
Service administratif.—Gendarmerie.													
Une brigade	136	4670	40	28	6	—	—	22	6	1505.6	1553.6 (c)	830 (c)	1553.6 (c)
Deux brigades	372	9340	80	56	12	—	—	44	12	3061.2 (d)	3107.2 (e)	1700 (e)	3107.2 (e)
Un bataillon de chasseurs	25	753	7	6	2	—	—	3	1	237.6	257.6 (f)	137 (f)	257.6 (f)
Un escadron	8	135	132	1	2	—	—	1	—	54	94	94	94
Régiment à quatre escadrons	45	560	545	8	8	—	—	6	2	252 (g)	432 (h)	432 (h)	432 (h)
Une batterie	5	135	38	80	—	—	18	1	1	68	195	99	99
Trois batteries	19	410	125	240	—	—	54	4	3	264	621 (j)	333 (j)	333 (j)
Réserve divisionnaire	1	50	10	64	—	14	6	—	—	—	202 (k)	106.5 (k)	106.5 (k)
Génie	6	140	9	11	—	—	2	—	—	39.6	88.6 (l)	50 (l)	72.6 (l)
Ambulance	14	105	27	—	70	—	7	—	—	—	276 (m)	154 (m)	160 (m)
Compagnie du train	4	104	22	138	—	—	34 (n)	—	1	—	—	—	—
	419	11584	933	523	92	14	98	57	17	3946.4 (o)	4984.4	2912.5	4467.9
	12003		1456			186							
CONVOI. Trésor	2	—	4	—	—	—	2	—	—	—	29 (p)	17 (p)	17 (p)
CONVOI. Subsistances et campement.	6	90	10	—	—	—	9	—	—	—	174 (q)	97 (q)	110 (q)
CONVOI. Bagages	—	—	—	—	—	—	12	57	17	—	963.5 (r)	541.5 (r)	541.5 (r)
CONVOI. Vivres	—	—	—	—	—	—	18 (s)	—	—	—	227	119	119
											1393.5	774.5	787.5

(*) La compagnie est comptée seulement à 60 files. — (a) Y compris 2 intervalles de 16 m. — (b) Y compris 2 distances de 12 m. entre les bataillons. — (c) Y compris 2 états-majors de régiment et 1 de brigade. — (d) Y compris 50 m. d'intervalle entre les 2 brigades. — (e) Y compris 40 m. pour l'état-major de la division. — (f) Y compris 20 m. pour l'état-major du bataillon. — (g) Y compris 3 intervalles de 12 m. — (h) Y compris 3 distances de 12 m. et 20 m. pour l'état-major du régiment. — (i) Y compris 2 intervalles de 30 m. entre les batteries. — (j) Y compris 2 distances de 12 m. entre les batteries et 12 m. pour l'état-major. — (k) Y compris 12 m. de distance aux troupes qui la précèdent. — (l) Y compris 12 m. de distance aux troupes précédentes. — (m) Y compris 70 mulets de litière et 12 m. de distance aux troupes précédentes. — (n) 18 voitures sont détachées pour les services du corps d'armée ; il en reste 34 pour la division. — (o) Y compris 92 m. d'intervalle entre les différentes armes. — (p) Y compris 6 m. de distance aux troupes précédentes. — (q) Y compris 6 m. de distance aux troupes précédentes. — (r) Y compris 12 m. de distance aux troupes précédentes. — (s) Y compris 2 voitures civiles.

Tableau n° 2. — Corps et services du quartier général. (Corps d'armée à trois divisions.)

DÉSIGNATION.	EFFECTIFS									ESPACE OCCUPÉ			
	Officiers.	Troupes.	ANIMAUX.			VOITURES				en bataille.	par le flanc, voitures par 1.	en colonne serrée par 1/2 section, voit. par 2.	par le flanc, voitures par 2.
			Selle.	Trait.	Mulets.	à 2 roues.	à 4 roues.	Bagages.	Cantiniers.				
Etat-major du corps	74	44	280										
Services administratifs	36	928	365	576									
Six batteries de réserve	4	140	9	11	—	—	116	8	6	658	1574 (a)	870 (a)	870 (a)
Compagnie du génie	45	560	545	8	—	—	2	—	—	39.6	88.6 (b)	50 (b)	72.6 (b)
Régiment de cavalerie, 4 escadrons	14	105	27	—	8	—	—	6	2	252	432 (c)	432 (c)	432 (c)
Ambulance	4	120	18	64	70	—	8	—	—	—	276 (d)	154 (d)	160 (d)
Télégraphie	6	260	28	190	—	—	16	—	—	—	203 (e)	107 (e)	107 (e)
Equipage de ponts	12	600	93	816	—	—	43	2	1	—	602 (f)	320 (f)	329 (f)
Parc d'artillerie	—	40	4	54	—	—	148	4	2	—	2320.5 (g)	1225 (g)	1225 (g)
Parc du génie	2	35	8	32	—	—	9	—	—	—	155 (h)	91 (h)	91 (h)
Parc des équipages	4	—	8	—	—	—	5	—	1	—	85 (i)	53 (i)	53 (i)
Trésor	—	105	—	—	—	—	2	—	—	—	37 (k)	21 (k)	21 (k)
Matériel d'administration	1	22	9	—	—	—	12	—	—	—	222 (l)	113 (l)	126 (l)
Compagnie légère du train	3	150	30	216	—	—	—	—	—	—	—	—	—
Bagages	—	—	—	—	—	—	—	27	—	—	846 (m)	495 (m)	495 (m)
Réserve de vivres	—	—	—	—	—	—	6 (n)	—	—	—	77 (o)	41 (o)	41 (o)
	205	3109	1424	1967	78	—	367	47	12	—	6918.1	3972	4022.6
	3314		3469			426							

(a) Y compris 12 m. de distance entre chaque batterie et 12 m. pour l'état-major. — (b) Y compris 12 m. de distance aux troupes précédentes. — (c) Y compris 3 distances de 12 m. entre les escadrons et 20 m. pour l'état-major. — (d) Y compris 70 mulets de litière et 12 m. de distance aux troupes précédentes. — (e) Y compris 12 m. de distance aux troupes précédentes. — (f) Y compris 12 m. de distance aux troupes précédentes. — (g) Y compris 20 m. pour l'état-major et 20 m. pour distances entre les fractions. — (h) Y compris 12 m. de distance aux troupes précédentes. — (i) Y compris 6 m. de distance aux troupes précédentes. — (k) Y compris 6 m. de distance aux troupes précédentes. — (l) Y compris 12 m. de distance aux troupes précédentes. — (m) Y compris 12 m. de distance aux troupes précédentes. — (n) Voitures civiles. — (o) Y compris 6 m. de distance aux troupes précédentes.

Tableau n° 3. — Corps et services du quartier général. (Corps d'armée à deux divisions.)

DÉSIGNATION.	Effectif. Officiers.	Effectif. Troupes.	Effectif. Animaux. Selle.	Effectif. Animaux. Trait.	Effectif. Animaux. Mulets.	Voitures à 2 roues.	Voitures à 4 roues.	Voitures Bagages.	Voitures Cantiniers.	Espace occupé en bataille.	Espace occupé par le flanc, voitures par 1.	Espace occupé en colonne serrée, par 1/2 section, voitures par 2.	Espace occupé par le flanc, voitures par 2.
États-majors du corps.	74	44	280										
Services administratifs.													
Six batteries de réserve.	36	928	365	576	—	—	116	8	6	—	1574	870	870
Compagnie du génie.	4	140	9	11	—	—	2	—	—	—	88.6	50	72,6
Quatre escadrons.	45	560	545	8	8	—	—	6	2	—	432	432	432
Ambulance.	14	105	27	—	70	—	8	—	—	—	276	154	160
Télégraphie.	4	120	18	64	—	—	16	—	—	—	208	107	107
Equipage de ponts.	6	260	28	190	—	—	43	2	1	—	602	320	329
Parc d'artillerie.	12	592	93	676	—	—	122	4	2	—	1873	985.5	985.5
Parc du génie.	—	40	4	54	—	—	9	—	—	—	155	91	91
Parc des équipages.	2	35	8	32	—	—	5	—	1	—	85	53	53
Trésor.	4	—	8	—	—	—	2	—	—	—	37	21	21
Matériel d'administration.	—	405	—	—	—	—	12	—	—	—	222	113	126
Compagnie légère du train.	2	20	9	—	—	—	—	—	—	—	—	—	—
Bagages.	2	400	20	144	—	—	—	27 (a)	—	—	846	495	495
Réserves de vivres.	—	—	—	—	—	—	6 (b)	—	—	—	77	41	41
	205	3049	1414	1755	78	—	341	47	12	—	6470.6	3732.5	3782.1
	3254		3247			400							

Mêmes observations qu'au tableau n° 2.

(a) Les deux divisions ne peuvent fournir que 36 voitures du train alors qu'il en faut 54, il y a nécessité d'avoir 18 voitures civiles. — (b) Voitures civiles.

Tableau n° 4. — Résumé.

DÉSIGNATION.	EFFECTIF.									ESPACE OCCUPÉ			
	Officiers.	Troupes.	ANIMAUX.			VOITURES.				en bataille.	par le flanc, voitures par 1.	en colonne serrée par 1/2 section, voitures par 2.	par le flanc, voitures par 2.
			Selle.	Trait.	Mulets.	à 2 roues.	à 4 roues.	Bagages.	Cantiniers.				
Une division.	119	11584	933	523	92	14	96	57	17	3946.4	4984.4	2912.5	4467.9
Convoi.	—	—	—	—	—	—	—	—	—	—	1393.5	774.5	787.5
											6377.9	3686	5255.4
Trois divisions.	1257	34752	2799	1569	276	42	288	171	51	11839.2	19133.7	11058	15766.2
Services du quartier général.	205	3109	1424	1967	78	—	367	47	12	—	6918	3972	4022.6
Totaux.	1462	37861	4223	3536	354	42	655	218	63	—	26051.7	15030	19788.8
Total du corps d'armée à 3 divisions.	39323		8113			978							
Deux divisions.	838	23168	1866	1046	184	28	192	114	34	7892.8	12755.8	6372	10510.8
Services du quartier général.	205	3049	1414	1755	78	—	341	47	12	—	6470.6	3732.5	3782.1
Totaux.	1043	26217	3280	2801	262	28	533	161	46	—	19226.4	10104.5	14292.9
Total du corps d'armée à 2 divisions.	27260		6343			768				—			

Tableau n° 5. — Effectif du personnel attaché au convoi.

POUR UNE DIVISION :

Cavalerie	1	officier.	85	hommes.
Train	3	—	104	—
Trésor	2	—	»	—
Administration	5	—	90	—
Bagages	»	—	95	—
Ordonnances	»	—	110	—
Artillerie	»	—	20	—
Gendarmerie	1	—	8	—
Totaux	12	officiers.	512	hommes

POUR LE QUARTIER GÉNÉRAL D'UN CORPS D'ARMÉE.

Génie	4	officiers.	140	hommes.
Artillerie	»	—	35	—
Cavalerie	1	—	85	—
Train	4	—	170	—
Équipage de ponts	6	—	260	—
Parc d'artillerie	12	—	600	—
Parc du génie	»	—	40	—
Parc des équipages	2	—	35	—
Ambulance	11	—	105	—
Trésor	4	—	»	—
Administration	17	—	105	—
Ordonnances	»	—	212	—
Prévôté	2	—	14	—
Totaux	66	officiers.	1801	hommes.

POUR UN CORPS D'ARMÉE A TROIS DIVISIONS :

Trois divisions......	36 officiers.	1,536 hommes.
Quartier général.....	66 —	1,801 —
Totaux......	102 officiers.	3,337 hommes.
Total général......	3,439 hommes.	

POUR UN CORPS A DEUX DIVISIONS :

Deux divisions......	24 officiers.	1,024 hommes.
Quartier général....	66 —	1,791 —
Totaux.....	90 officiers.	2,815 hommes.
Total général....	2,905	

Composition de l'avant-garde. — Le service en campagne (art. 121) s'exprime ainsi : « L'a« vant-garde et l'arrière-garde sont uniquement « destinées à couvrir les mouvements du corps « dont elles font partie et à arrêter l'ennemi jus« qu'à ce que le général commandant ait eu le « temps de faire ses dispositions. »

Cette prescription impose deux missions à l'avant-garde : renseigner le corps principal et dissimuler ses mouvements, puis arrêter l'ennemi. Pour atteindre le premier but, il faut une avant-garde légère et surtout de la cavalerie; pour le deuxième, il faut une avant-garde solidement constituée en infanterie et en artillerie.

Cette distinction établie, ce que nous nommons à présent *éclaireurs* devrait s'appeler l'*avant-garde*, et ce que nous intitulons *avant-garde* doit se nommer *première ligne*, ce qu'elle est réellement.

Sous le premier Empire, l'avant-garde d'un corps d'armée était d'ordinaire faible en infanterie et en artillerie ; la cavalerie y dominait. On en voit un exemple dans l'extrait suivant :

2e Corps. — Ordre de mouvement du 5 juin 1813.

« L'avant-garde du 2e corps sera désormais « composée de la cavalerie aux ordres de M. le « général de division Roussel, de 1 bataillon « d'infanterie légère de la 1re division, de 1 ba- « taillon de ligne de la 4e division et de 2 pièces « fournies par la 1re division. » (Le corps n'avait à ce moment que 2 divisions.)

Depuis, les idées ont tendu en France et en Prusse à donner plus d'importance à l'avant-garde, et on en a fait réellement une première ligne ; c'était logique. — Comme elle doit répondre à deux buts différents, elle est arrivée forcément à se décomposer en deux parties distinctes. — La convenance de placer en tête des colonnes une partie notable de la cavalerie a également contribué à ce résultat.

Cette avancée, cette première portion de l'avant-garde, si l'on veut, comprendrait 2 régiments de cavalerie divisionnaire : le premier, chargé d'éclairer la marche ; le second, en temps ordinaire, n'ayant que le rôle éventuel de soutien. Cette force de cavalerie peut rendre à l'occasion des services considérables si on lui annexe un peu d'artillerie. Le débouché du 5e corps prussien à Nachod montre de quelle importance peuvent être, au début d'une action, quelques escadrons accompagnés d'une batterie.

Il serait naturel que cette batterie fût tirée de la division de tête qui fournit les troupes d'avant-garde. Elle ne le peut, parce qu'elle n'en possède que 3 et qu'elle n'en a pas à cheval. Il faudra donc la prendre à la réserve d'artillerie. Dans le cours de l'engagement, que deviendra cette batterie, hors de son commandement normal? Quand la division opérera isolément, comment soutiendra-t-elle sa cavalerie divisionnaire, soit pour éclairer sa marche, soit pour l'envoyer faire quelque mouvement à grande distance? Ceci indique de nouveau l'utilité, la nécessité même pour la division d'avoir au moins 4 batteries, dont 1 à cheval. D'autres considérations le démontreront encore mieux par la suite.

Précédée de la cavalerie, l'avant-garde d'infanterie cesse d'être une mesure de précaution, une simple patrouille ; sa mission est autrement importante. Elle consiste à préparer les voies au corps d'armée, à forcer un passage, à s'emparer de points utiles. Elle doit refouler les avancées de l'ennemi, se saisir tout d'abord des positions

3.

avantageuses, prendre pied sur le terrain de l'adversaire et pouvoir s'y maintenir. Il faut éviter qu'elle ait à rétrograder, ce mouvement ayant un effet moral trop fâcheux. L'avant-garde doit être à même d'entreprendre et de soutenir des attaques sérieuses, et pour cela former un corps complet. Elle doit pouvoir prononcer une vigoureuse offensive et se défendre ensuite contre un ennemi deux ou trois fois plus nombreux, ce qui est possible, avant que celui-ci ait pu reconnaître son petit nombre.

1 brigade d'infanterie avec 2 batteries montées, 1 compagnie du génie, 2 régiments de cavalerie et 1 une batterie à cheval présentent une force suffisante pour jouer le rôle que nous indiquons et entamer le combat dans de bonnes conditions.

Les Prussiens composent fortement leurs avant-gardes. 1 brigade pour un corps d'armée et un régiment pour une division est la règle générale. (Rustow.)

L'avant-garde de la 1re division de la garde entrant en Bohême comprenait : 4 bataillons, 2 compagnies de chasseurs, 3 escadrons de hussards, 2 compagnies de pionniers, 2 batteries ; soit 5,000 hommes et 12 pièces pour une seule division. Le 22 juillet, le corps du général Fransecky se portant sur Presbourg, et réduit à 3 brigades, est disposé de la manière suivante :

Avant-garde { 1 régiment de la 16e brigade.
1 régiment de hussards.

Gros. . . . { 13e / 14e } brigades.

Réserve. . . { Le reste de la 16e brigade. / La cavalerie de réserve.

Comme proportion, les Prussiens sont dans le vrai, mais leur composition est éminemment vicieuse. Ils brisent les unités de commandement. Dans une division, ils partagent une brigade entre l'avant-garde et la réserve. L'autre brigade forme le gros. Dans d'autres cas, ils enlèvent 1 bataillon à divers régiments pour en former l'avant-garde. On employait souvent cette méthode dans les guerres du premier Empire, comme le montre l'ordre du 2e corps cité plus haut, p. 44.

Dans un corps d'armée, les Prussiens fractionnent une division : 1 brigade à l'avant-garde et 1 brigade en réserve. Ce système a l'inconvénient de soustraire les troupes à leur chef direct, de détruire la solidarité entre les groupes et d'amener la confusion. Les Prussiens semblent aimer ce désordre, qu'il décorent du nom d'*initiative*. Après en avoir manqué si longtemps, ils l'ont exagérée outre mesure. Cependant ils en sont venus à reconnaître aujourd'hui que le combat amène forcément un peu de désordre, et que par conséquent toutes les organisations doivent tendre à en diminuer les causes. Leur exemple n'est nullement à imiter dans ce cas. La disposition des troupes en colonne doit tendre à rapprocher dans le combat les différentes parties d'une même unité. Dans une division isolée, le 2e régiment de la brigade qui fournira l'avant-garde devra marcher en tête du gros de la colonne. Dans un corps d'armée, la 1re division aura 1 brigade d'avant-garde et la 2e en tête du gros de la colonne.

Les mêmes nécessités s'imposent pour l'avant-garde dans un corps à 2 ou à 3 divisions; il n'y a pas de raison pour en modifier la composition.

Gros de la colonne. — Comme corps principal, il doit être au moins le double de l'avant-garde ou première ligne, et ne pas excéder le triple. Il doit comprendre des unités constituées. Dans une division isolée, il sera formé de 2 régiments. Dans un corps à 2 divisions, de 2 brigades; dans un corps à 3 divisions, de 3 brigades. Il ne renfermera que les batteries divisionnaires afférentes aux troupes qui le composeront, savoir : 3 batteries dans un corps à 2 divisions, 4 dans un corps à 3 divisions.

Les Prussiens y ajoutent une certaine quantité de cavalerie, voulant que chaque groupe de la colonne ait une organisation complète. Cette disposition a l'inconvénient d'astreindre cette cavalerie à l'allure de l'infanterie, sans qu'il y ait d'avantage bien constaté. Rien ne semble s'opposer à placer la cavalerie de la 2e division à la suite de celle de la 1re, à l'extrême avant-garde. Au moment du combat, ce régiment s'arrêtera et attendra l'arrivée de sa division pour s'y joindre.

Le gros de la colonne peut se passer sans inconvénient de cavalerie durant la marche, puisqu'il s'en trouve en tête et en queue de la colonne.

Réserves. — D'après ce qui précède, la réserve se trouve naturellement formée :

Pour un corps à 2 divisions : de 1 brigade d'infanterie avec 1 batterie, de 5 batteries de réserve et 1 régiment de cavalerie ;

Pour un corps à 3 divisions : de 1 division d'infanterie avec 3 batteries, de 5 batteries de réserve et de 2 régiments de cavalerie.

Cette réserve est chargée de fournir la garde du convoi ou arrière-garde.

Sous le premier Empire, on y affectait 3 ou 4 compagnies seulement, comme le montrent les deux ordres cités plus haut, p. 24 et 25. On peut donc compter sur un bataillon au plus.

Si nous examinons la force de la réserve par rapport à l'effectif du corps d'armée, nous voyons qu'elle comprend :

Pour un corps à 3 divisions : 1/3 de l'infanterie, 1/2 de la cavalerie, plus de 1/2 de l'artillerie ;

Pour un corps à 2 divisions : 1/4 de l'infanterie, 1/3 de la cavalerie, 1/2 de l'artillerie.

On est frappé de la forte proportion de l'artillerie qui se trouve ainsi placée en réserve. Dans un corps à 3 divisions, il y a 8 batteries en réserve contre 7 engagées. Dans un corps à 2 divisions, 6 en réserve contre 6 engagées. Cette proportion ne semble pas répondre aux nécessités de la guerre moderne, qui assignent un rôle si important à l'artillerie.

Ce sont ces nécessités qui ont conduit le général commandant l'artillerie de la garde prussienne à vouloir très en avant les batteries de réserve et à les engager promptement. Dans l'état actuel cela aurait l'inconvénient d'engager prématurément toutes ses ressources avant le moment décisif du combat. C'est ce qu'on a constaté dans les manœuvres des camps prussiens de cette année. Ils mettent en jeu très-rapidement toutes leurs réserves, étendent outre mesure leur unique ligne, sont faibles sur tous les points et se privent du moyen de parer à un échec partiel ou de frapper un coup essentiel.

L'excès opposé est également fâcheux et nous place dans la double alternative d'avoir trop peu d'artillerie en ligne ou d'employer trop tôt les batteries de réserve.

Il semble ressortir de ces considérations que notre artillerie divisionnaire n'est pas assez fortement constituée. Elle n'est pas conforme au principe posé par Napoléon Ier : « La plus grande « partie de l'artillerie doit être avec les divisions « d'infanterie et de cavalerie, la plus petite « partie en réserve. » (*Commentaires*, t. VI, p. 167.)

Les Prussiens l'appliquent mieux que nous. Sur les 16 batteries du corps d'armée, ils ont 10 batteries divisionnaires et 6 de réserve. Dans notre corps d'armée à 3 divisions, nous avons 9 batteries divisionnaires et 6 de réserve, et dans le corps à 2 divisions 6 batteries divisionnaires et 6 de réserve.

Le général commandant l'artillerie de la garde prussienne dit : « Il convient que l'artillerie soit « adjointe aux autres troupes dans la proportion « de 1 division (4 batteries) *au moins* par division « d'infanterie. » C'est selon lui un minimum. Elle n'a rien d'exagéré. C'est encore Napoléon Ier qui a écrit : « Il faut avoir autant d'artillerie que son « ennemi, et calculer sur 4 pièces par 1,000 « hommes d'infanterie et de cavalerie. » (*Commentaires*, t. VI, p. 167.)

Le corps d'armée, tel qu'il est constitué dans les tableaux numéros 1 et 2, comprend 34,265 hommes d'infanterie et de cavalerie. Si on lui donne 4 batteries par division et 6 de réserve, il n'aura que 18 batteries ou 108 pièces, tandis que d'après la proportion de Napoléon Ier on arriverait à 136 pièces.

Le corps à 2 divisions, d'après les tableaux 1 et 3, comprend 23,099 hommes d'infanterie et de cavalerie. Si on lui donne 4 batteries par division et 6 de réserve, il n'aura que 14 batteries ou 84 pièces, tandis que d'après la proportion de Napoléon il lui en faudrait 92.

Dans ce dernier cas, si l'on admet qu'il y ait 2 batteries par corps d'armée, à la réserve générale de l'armée, on atteindrait le chiffre de Napoléon.

Force relative des fractions de la colonne. — La répartition que nous indiquons entre les diverses fractions de la colonne est un peu différente des principes émis par les écrivains militaires. Selon le général Rogniat, « les parties « détachées (avant-garde, arrière-garde et flan- « queurs) doivent être en tout du 1/3 au 1/6 de « la colonne. » (*Art de la guerre*, p. 20.)

« En général, dit le général Dufour, on n'em- « ploie pas à l'avant-garde plus de 1/5 de la force « totale, et le plus souvent on reste au-dessous « de cette proportion. S'il était permis de poser « un principe, on pourrait dire que la force de l'a- « vant-garde varie entre le 1/5 et le 1/10. » (*Cours de tactique*, p. 87.)

Presque tous les écrivains s'accordent à dire que la réserve doit varier du 1/3 au 1/4. De Hardegg pose en principe que l'avant-garde, le corps principal et la réserve doivent être dans la proportion 1 : 3 : 2, autrement dit 1/6, 3/6, 2/6.

Pour apprécier les différences des divers systèmes, il est nécessaire de les traduire en chiffres. Les tableaux n°s 6 et 7 ci-après montrent la disposition, la composition et l'importance des fractions de la colonne dans l'hypothèse du corps d'armée que nous avons imaginé.

Tableau n° 6. — Corps à trois divisions.

	Officiers.	Troupes.
2 régiments de cavalerie divisionnaire. . .	88	950
1 batterie à cheval	5	144
1re DIVISION.		
1 bataillon (total de la brigade d'infanterie).	138	4670
1 batterie (total des 2 batteries)	14	270
2 compagnies de chasseurs (total pour 4 compagnies)	19	503
1 compagnie du génie	4	140
4 bataillons.	—	—
1 batterie.	—	—
2 compagnies de chasseurs.	—	—
1 bataillon.	—	—
1 section d'ambulance.	6	40
Télégraphie.	4	120
	278	6833
	7111	
A diminuer les hommes au convoi.	283	
	6828	

8 escadrons. . . . . . .
6 bataillons. . . . . . .
4 comp. de chasseurs.
1 comp. du génie. . .
3 batteries. . . . . . .
} Avant-garde.

	Officiers.	Troupes.
1 bataillon (total de la brigade d'infanterie)	138	4670
1 batterie.	5	135
2 compagnies de chasseurs.	6	250
5 bataillons.	—	—
Réserve de munitions.	1	50
Reste de l'ambulance.	8	62
2e DIVISION (*).		
1re Brigade.		
1 compagnie du génie; 1 bataillon; 1 batterie; 2 compagnies de chasseurs; 4 bataillons; 1 batterie; 2 compagnies de chasseurs; 1 bataillon.	375	11033
2e Brigade.		
1 bataillon; 1 batterie; 2 compagnies de chasseurs; 5 bataillons; réserve de munitions; ambulance.		
	533	16200
	16733	
A diminuer les hommes au convoi.	646	
	16087	

18 bataillons.
8 comp. de chasseurs.
1 comp. du génie.
4 batteries.
} Gros de la colonne.

3e DIVISION (*).

1re Brigade. 1 compagnie du génie; 1 bataillon; 1 batterie; 2 compagnies de chasseurs; 4 bataillons; 1 batterie; 2 compagnies de chasseurs; 1 bataillon. *2e Brigade.* 1 bataillon; 1 batterie; 2 compagnies de chasseurs; 4 bataillons; réserve de munitions; ambulance	375	11033	11 bataillons. 6 comp. de chasseurs. 1 comp. du génie. 8 batteries. 8 escadrons.	Réserve.
5 batteries de réserve	32	784		
2 régiments de cavalerie	88	950		
	483	12767		
	13250			
A diminuer les hommes au convoi	449			
	12801			

(*) 1 division entière moins sa cavalerie.

Convoi du quartier général.	Officiers.	Troupes.	
Compagnie du génie de réserve; ambulance; équipage de ponts; parc d'artillerie; parc du génie; parc des équipages; trésor; administration; bagages; prévôté.	66	1801	Convoi.
Convoi de la 1re division.			
Trésor; administration; bagages; prévôté. .	12	512	
Convoi de la 2e division.			
Trésor; administration; bagages; prévôté. .	12	512	
Convoi de la 3e division.			
Trésor; administration; bagages; prévôté. .	12	152	
	102	3337	
	3439		

1 bataillon.	Arrière-garde.
2 pelotons de cavalerie.	

Tableau n° 7. — Corps à deux divisions.

	Officiers.	Troupes.		
1re DIVISION.				
Même composition qu'au tableau n° 6 . . .	6828		8 escadrons. . . . . . . 6 bataillons . . . . 4 comp. de chasseurs. . 1 comp. de génie. . . . . 3 batteries.	Avant-garde.
Reste de la 1re division comme au tableau n° 6	164	5164		
2e DIVISION. — 1re *Brigade*.				
1 bataillon (total de la brigade)	138	4670		
1 compagnie du génie	4	140		
1 batterie (total des 2 batteries).	14	270		
2 compagnies de chasseurs (total des 4 compagnies)	19	503		
4 bataillons.	—	—	12 bataillons.	Gros de la colonne.
1 batterie	—	—	6 comp. de chasseurs. .	
2 compagnies de chasseurs.	—	—	1 comp. de génie . . .	
1 bataillon.	—	—	3 batteries.	
Réserve de munitions	1	50		
Ambulance	14	106		
	354	10903		
	11257			
A diminuer les hommes au convoi.	373			
	10884			

2e *Brigade.*	Officiers.	Troupes.		
1 bataillon (total de la brigade)......	138	1670		
1 batterie.....................	5	135		
2 compagnies de chasseurs.........	6	250		
4 bataillons...................	—	—		
5 batteries de réserve...........	32	784	5 bataillons......	Ré-serve.
1 régiment de cavalerie..........	44	475	2 comp. de chasseurs.	
	225	6314	6 batteries......	
	6539		4 escadrons......	
A diminuer les hommes au convoi.....	164			
	6375			
Convoi du quartier général comme au tableau n° 6................	66	1791	Convoi.	
Convoi de la 1re division comme au tableau n° 6................	12	512		
Convoi de la 2e division comme au tableau n° 6................	12	512		
	90	2815		
	2905			
1 bataillon..........................			Arrière-garde.	
2 pelotons de cavalerie				

L'effectif du corps d'armée de combat serait, d'après le tableau n° 4, p. 40, de 39,323 hommes pour 3 divisions, et de 27,260 pour 2 divisions. En déduisant le personnel du convoi, celui du commandement, des états-majors et de l'intendance, l'effectif descend alors à 35,716, dans le premier cas, à 24,088 dans le second. Ces chiffres acceptés pour fixer la discussion, la force des différentes fractions de la colonne, selon la proportion de Hardegg, la moyenne des écrivains français et le présent travail, s'établit comme il suit :

DÉSIGNATION.	D'après HARDEGG, 1 : 3 : 2.		D'après LES ÉCRIVAINS FRANÇAIS, avant-garde 1/5, réserve 1/4.		D'après le PRÉSENT TRAVAIL.	
CORPS A 3 DIVISIONS.						
Avant-garde	1/6	5952	1/5 ou 4/20	7143	4/20	6,828
Gros de la colonne	3/6	17859	11/20	19643	9/20	16087
Réserve.	2/6	11905	1/4 ou 5/20	8930	7/20	12801
TOTAUX. . . .		35716		35716		35716
CORPS A 2 DIVISIONS.						
Avant-garde.	1/6	4015	1/5 ou 4/20	4816	5.5/20	6828
Gros de la colonne	3/6	12044	11/20	13249	9/20	10884
Réserve.	2/6	8028	1/4 ou 5/20	6022	5.5/20	6375
TOTAUX. . . .		24087		24087		24087

Les proportions doctrinales ont une certaine valeur assurément, mais leur application exacte est impraticable. On ne peut briser les unités pour arriver à des chiffres théoriques, alors que le principe conservateur de l'ordre invite au contraire à les grouper le plus possible pour ne pas diviser l'action du commandement. Bien que les chiffres auxquels nous arrivons diffèrent assez notablement de ceux donnés par les théoriciens militaires, nous croyons les nôtres plus pratiques, car ils sont le résultat forcé du groupement des unités.

Formation de marche. — La disposition successive des éléments étant fixée, il s'agit de les faire mouvoir. Pour régler le mouvement, il est nécessaire de connaître la longueur de la colonne. Elle dépend de la formation de marche, de l'allongement et des distances entre les fractions principales.

L'idéal, pour l'infanterie au moins, serait qu'elle observât en route le principe des manœuvres et qu'elle n'occupât point plus d'étendue en colonne qu'en bataille. La formation par le flanc ou par subdivisions à distance entière réalise théoriquement cet idéal.

Réduire la profondeur à moins, par un ordre en colonne serrée, est impraticable. La marche devient très-fatigante, les hommes sont gênés par leurs voisins. Ils ressentent vivement tous les à-coup; ils sont suffoqués par la chaleur ou à demi asphyxiés par la poussière. En outre, cet ordre serré empêche de se former immédiatement en bataille, en cas de surprise sur les flancs. Les inconvénients de la colonne serrée pour la marche sont si grands que dans la pratique les distances se perdent et on en revient forcément à la distance entière et même plus.

Cela est si vrai, que, sous le premier Empire, on faisait marcher quelquefois par peloton ou par section avec double distance. Néanmoins cette formation est si fatigante, qu'elle était à cette époque considérée comme une punition. « Si, malgré les recommandations, dit le général « Thiébault, la colonne s'allongeait trop, on fe« rait marcher les troupes par peloton ou par « section pour les punir. » (*Manuel des états-majors*, p. 266.)

Si jadis on a pu marcher par subdivision, cela devient moins facile, sinon impossible à présent. La bonne exécution des marches oblige à laisser libre au moins un tiers de la voie, et cette nécessité réduit d'autant le front de marche. Napoléon Ier s'exprime ainsi : « Les chaussées ont de « 4 à 6 toises et permettent de marcher sur deux « files de voitures et sur 15 à 20 hommes de « front. Presque toujours on peut cheminer sur « la droite et sur la gauche des chaussées. » (*Commentaires*, t. VI, p. 167.) Les haies, les fossés, les canaux, les murs s'opposent à présent à une marche continue en dehors de la voie. Le développement des chemins de fer a amené une réduction dans la largeur des routes. Sur 109 routes allemandes que nous connaissons, 5 ont 5 mètres de large, 9 ont 6 mètres, 28 ont 7 mètres, 7 ont 7^{m}5, 35 ont 8 mètres, 11 ont 9 mètres, 13 ont 10 mètres, 1 a 12 mètres.

Un peloton de 60 files a un front de 39^{m},6 (à 0,66 par homme). La section a 19^{m},8 ; la demi-section, 9^{m},9 ; le quart de section ou l'escouade, 5 mètres. La marche par peleton et par section est conséquemment impraticable. Sur un très-petit nombre de routes on pourrait employer la formation par demi-section, mais à la condition d'occuper entièrement la voie. Il faudrait donc former la colonne par escouades. Or la colonne serrée par escouade avec des pelotons de 60 files a sensiblement la même longueur que la colonne par le flanc. Ce dernier mode prévaudra généralement. C'est celui qui fatigue le moins les hommes, qui leur donne le plus d'air et le plus d'aisance et qui laisse la voie le plus libre. La colonne serrée par demi-section pourra quelquefois l'employer, mais comme exception seulement.

D'après la largeur des voies, la cavalerie ne peut se former par peloton. Elle doit marcher par quatre. Il est à regretter qu'elle ne possède pas la rupture par demi-peloton pour la colonne de route ; elle pourrait alors marcher sur un front de 6, 7 ou 8 chevaux. On obtiendrait ainsi la réduction d'un tiers de la profondeur de la colonne avec des escadrons de 48 files et une réduction de moitié avec des escadrons de 64 files.

Sur les routes de 7 mètres et au-dessus, les voitures peuvent marcher sur deux files et les animaux de bât par quatre. Ce sera là la formation la plus usuelle.

Trois modes sont donc possibles; celui qui donne le plus de longueur est l'infanterie par le flanc et les voitures par une; la colonne serrée par demi-section avec les voitures par deux offrira le minimum d'étendue ; enfin le cas le plus général sera l'infanterie par le flanc et les voitures par deux.

Les tableaux n°s 8, 9 et 10 qui vont suivre donnent dans les trois cas que nous avons indiqués la longueur exacte de chacun des éléments qui composent la colonne.

Tableau n° 8.

CALCUL DES ÉLÉMENTS DIVISIONNAIRES.			ESPACE OCCUPÉ par le flanc, voitures par 1.	en col. serrée par 1/2 sect., voit. par 2.	par le flanc, voitures par 2.
1/2 section			9.9	—	—
1 section			19.8	—	—
1 peloton à 60 files			39.6	17	39.6
1 bataillon en colonne			237.6	117	237.6
1 RÉGIMENT.					
État-major du régiment	30m	30m			
3 bataillons	712 8	351	766.8	405	766.8
2 distances de 12 mètres	24	24			
1 BRIGADE.					
État-major de la brigade	20m	20m	1553.6	830	1553.6
2 régiments	1533.6	810			

CALCUL DES ÉLÉMENTS DIVISIONNAIRES (suite).		ESPACE OCCUPÉ par le flanc, voitures par 1.	ESPACE OCCUPÉ en col. serrée par 1/2 sect., voit. par 2.	ESPACE OCCUPÉ par le flanc, voitures par 2.
1 DIVISION D'INFANTERIE.				
État-major de la division. 40m	40m			
2 brigades. 3,067 2	1,660	3364.8	1837	3364.8
1 bataillon de chasseurs. 257 6	137			
CAVALERIE.				
État-major du régiment. 20m				
4 escadrons à 54 files. 376		432	432	432
3 distances de 12 mètres. 36				
1 BATTERIE. (*16 voitures, en reléguant au convoi les 2 chariots.*)				
16 longueurs de 11m. 176m	8 longueurs de 11m. 88m			
15 distances de 1m. 15	7 distances de 1m. . 7			
Chevaux haut le pied. 4	Chevaux haut le pied. 4	207	111	111
Distance aux troupes précédentes. . . 12	Distance aux troupes précédentes. . . 12			
COMPAGNIE DU GÉNIE.				
. . . . 39m6	. . . . 47m 39m6			
2 longueurs de voitures à 15.. . . 30	1 long. de voiture à 15m. 15 15			
2 distances. 3	1 distance . . . 2 2	88.6	50	72.6
Chev. haut le pied. 4	Chev. h. le pied. 4 4			
Distance aux troupes précédentes. . . 12	Dist. aux troupes précéd. 12 12			
RÉSERVE DE MUNITIONS. (*20 voitures, en plaçant le chariot au convoi.*)				
14 long. à 7m50. . . 105m	7 long. à 7m50. . . . 52m5			
6 long. à 11 m. . . 66	3 long. à 11 m. . . 33			
19 distances à 1 m. 19	9 distances à 1 m. 9	202	106.5	106.5
Distance aux troupes précédentes. . . 12	Distance aux troupes précédentes. . . 12			
AMBULANCE.				
7 longueurs de voiture à 15 m. . 105m	4 longueurs de voiture à 15 m. . . 60m			
6 distances à 1 m. 6	3 distances à 1 m. . 3			
Détach. d'infirmiers. 10	Détach. d'infirmiers. 70	276	154	160
70 mulets sur 2 files. 140	70 mulets sur 4 files. 70			
Distance aux troupes précéd. . . 15	Distance aux troupes précéd. . . 15			

Tableau n° 9.

CALCUL DES ÉLÉMENTS du CONVOI DIVISIONNAIRE.		ESPACE OCCUPÉ par le flanc, voitures par 2.	en col. serrée par 1/2 sect., voit. par 2.	par le flanc, voitures par 2.
TRÉSOR.				
2 longueurs de voiture à 11 m. . 22m 1 distance de 1 m. 1 Distance aux troupes avant. . . 6	1 longueur de voiture à 11 m. . 11m Distance aux troupes avant. . . 6	29	17	17
MATÉRIEL DES SUBSISTANCES ET CAMPEMENT.				
9 longueurs de voiture à 15 m. . 135m 8 distances à 1 m. 8 Détachement d'ouvriers. . . . . 25 Distance aux troupes précéd. . . 6	5 long. de voiture à 15m. 75m 75m 4 dist. à 1 m. 4 4 Détachem. d'ouvriers . . . 12 25 Dist. aux troupes précéd. 6 6	174	97	110
BAGAGES.				
2 longueurs de voiture à 15 m. . 30m 6 longueurs de voiture à 11 m. . 66 75 longueurs de voiture à 7m 5. . 562.5 7 chariots de batterie à 15 m. . 105 88 distances à 1 m. 88 Chevaux haut le pied et chev. de main. . . 100 Distance aux troupes précéd. . 12	1 longueur de voiture à 15 m. . 15m 3 longueurs de voiture à 11 m. . 33 37 longueurs de voiture à 7m 5. . 277.5 4 longueurs de voiture à 15 m. . 60 44 distances à 1 m. 44 Chevaux haut le pied et chev. de main. . . . 100 Distance aux troupes précéd. . . 12	963.5	541.5	541.5
RÉSERVE DE VIVRES.				
2 jours de biscuit. . . . . . 900 gr. 2 jours de sucre et de café. 100 4 jours d'eau-de-vie. . . . . 250 1250 gr. 1/10 en plus pour les enveloppes. . . . . 125 1375 gr. par rationnaire.				
A Reporter		1166.5	655 5	668.5

CALCUL DES ÉLÉMENTS du CONVOI DIVISIONNAIRE (suite).	ESPACE OCCUPÉ par le flanc, voitures par 2.	 en col. serrée par 1/2 sect., voit. par 2.	 par le flanc, voitures par 2.
Report.	1166.5	655.5	668.5
La division à 12,000 hommes exige environ 13,000 rations. Le poids total des vivres est de 17,875 kilogrammes, soit 179 quintaux, nécessitant 18 voitures au moins.			
18 long. à 11 m. . . 198m 17 distances à 11 m. . 17 Distance aux troupes précédentes. . . 12 — 9 long. à 11 m. . . 99m 8 distances à 1 m. . 8 Distance aux troupes précédentes... . 12	227	119	119
	1393.5	774.5	787.5

Tableau n° 10.

CALCUL DES ÉLÉMENTS du QUARTIER GÉNÉRAL.			ESPACE OCCUPÉ		
			par le flanc, voitures par 4.	en col. serrée par 1/2 sect., voit. par 2.	par le flanc, voitures par 2.
BATTERIES DE RÉSERVE.					
2 batteries de 12	662m	342m	1,574	870	870
2 batteries de 4	414	222			
2 batteries à cheval.	450	258			
Chevaux haut le pied.	48	48			
GÉNIE DU CORPS D'ARMÉE.					
Même composition que le génie divisionnaire.			88.6	50	72.6
RÉGIMENT DE CAVALERIE.					
Même composition que la cavalerie divisionnaire			432	432	432
AMBULANCE.					
Même composition que l'ambulance divisionnaire. . . .			276	154	160

CALCUL DES ÉLÉMENTS du QUARTIER GÉNÉRAL (suite).		ESPACE OCCUPÉ par le flanc, voitures par 1.	ESPACE OCCUPÉ en col. serrée par 1/2 sect. voit. par 2.	ESPACE OCCUPÉ par le flanc, voitures par 1.
TÉLÉGRAPHIE.				
16 longueurs de voiture à 11 m. . . 176m 15 distances à 1 m.. 15 Distance aux troupes précédentes . . . 12	8 longueurs de voiture à 11 m. . . 88m 7 distances à 1 m. . . 7 Distance aux troupes précédentes . . . 12	203	107	107
ÉQUIPAGE DE PONTS.				
43 longueurs de voiture à 12 m. . . 516m 42 distances à 1 m.. 42 Détachement de pontonniers. . . . . 16 Chevaux haut le pied. 16 Distance aux troupes précédentes.. . . 12	22 longueurs de voiture à 12 m. . . 264m 21 distances à 1 m.. 21 Détachement de pontonniers. . . . . 7 Chevaux haut le pied. 16 Distance aux troupes précédentes.. . . 12	602	320	329
PARC D'ARTILLERIE D'UN CORPS A 3 DIVISIONS.				
90 longueurs de voiture à 15 m.. . 1350m 62 longueurs de voiture à 11 m. . . 682 4 longueurs de voiture à 7m.5. . . 30 156 distances à 1 m. 156 Détach. d'ouvriers. 22 5 Chevaux haut le pied. 40 État-major du parc. 20 Distances entre les fractions. . . . 20	45 longueurs de voiture à 15 m. . . 675m 32 longueurs de voiture à 11 m. . . . 352 3 longueurs de voiture à 7m.5.. . . 21 5 79 distances à 1 m. . 79 Détachem. d'ouvriers. 18 5 Chevaux haut le pied. 40 État-major du parc.. 20 Distances entre les fractions. 20	2320.5	1225	1225
PARC D'ARTILLERIE D'UN CORPS A 2 DIVISIONS.				
75 longueurs de voiture à 15 m. . . 1125m 47 longueurs de voiture à 11 m.. . 517 3 longueurs de voiture à 7m.5. . . 21 5 125 distances à 1 m. 125 Détach. d'ouvriers. 17 5 Chevaux haut le pied. 32 État-major du parc. 20 Distances entre les fractions. . . . 15	38 longueurs de voiture à 15 m.. . . 570m 24 longueurs de voiture à 11 m. . . 264 2 longueurs de voiture à 7m.5 . . . 15 63 distances à 1 m. . 63 Détachem. d'ouvriers. 10 5 Chevaux haut le pied. 28 État-major du parc. 20 Distances entre les fractions. 15	1873	984.5	984.5

CALCUL DES ÉLÉMENTS du QUARTIER GÉNÉRAL (suite).				ESPACE OCCUPÉ par le flanc, voitures par 1.	ESPACE OCCUPÉ en col. serrée par 1/2 sect., voit. par 2.	ESPACE OCCUPÉ par le flanc, voitures par 2.
PARC DU GÉNIE.						
7 longueurs de voiture à 15 m. . . 3 longueurs de voiture à 11 m. . . 9 distances à 1 m. . Distance aux troupes précédentes. . .	105m 33 9 8	4 longueurs de voiture à 15 m. . . 2 longueurs de voiture à 11 m. . . 5 distances à 1 m. . Distance aux troupes précédentes . . .	60m 22 5 4	155	91	91
PARC DES ÉQUIPAGES.						
5 longueurs de voiture à 15 m. . . 4 distances à 1 m. . Distance aux troupes précédentes . . .	75m 4 6	3 longueurs de voiture à 15 m. . . 2 distances à 1 m. . Distance aux troupes précédentes . . .	45m 2 6	85	53	53
TRÉSOR.						
2 long. de voit. à 15 m. 1 distance à 1 m. . . Distance aux troupes précédentes. . .	30m 1 6	1 longueur de voiture à 15 m. . . Distance aux troupes précédentes . . .	15m 6	37	21	21
MATÉRIEL D'ADMINISTRATION.						
12 longueurs à 15 m. 11 distances à 1 m. . Détachem. d'ouvriers. Distance aux troupes précédentes . . .	180m 11 25 6	6 longueurs à 15 m. . 5 distances à 1 m. . Détachem. d'ouvriers. Distance aux troupes précédentes . . .	90m 5 12 6	222	113	126
BAGAGES.						
16 longueurs de voiture à 15 m. . . 11 longueurs de voiture à 11 m. . . 16 longueurs de voiture à 7m.5 . . . 12 chariots de batterie à 15 m. . . . 53 distances à 1 m. . Chevaux de main et haut le pied. . . Distance aux troupes précédentes. . .	240m 121 120 180 53 120 12	8 longueurs de voiture à 15 m. . . 6 longueurs de voiture à 11 m. . . 8 longueurs de voiture à 7m.5 . . . 6 longueurs de voiture à 15 m. . . 27 distances à 1 m. Chevaux de main et haut le pied . . . Distance aux troupes précédentes . . .	120 66 60 90 27 120 12	846	495	495

CALCUL DES ÉLÉMENTS du QUARTIER GÉNÉRAL (suite).	ESPACE OCCUPÉ par le flanc, voitures par 1.	ESPACE OCCUPÉ en col. serrée par 1/2 sect., voit. par 2.	ESPACE OCCUPÉ par le flanc, voitures par 2.
RÉSERVE DE VIVRES. Le quartier général d'un corps à 3 divisions a un effectif de. . . . . 3,214 Le quartier général d'un corps à 2 divisions a un effectif de. . . . . 3,154 Ce qui forme pour l'un ou pour l'autre 4,000 rationnaires, représentant, comme il est dit tableau n° 9, 5,500 kilogrammes ou 55 quintaux dont le transport exige 6 voitures.			
6 longueurs de voiture à 11 m. . . 66m 5 distance à 1 m.. . 5 Distance aux troupes précédentes . . . 6 | 3 longueurs de voiture à 11 m. . . 33m 2 distances à 1 m. . 2 Distance aux troupes précédentes . . . 6	77	44	44

Le total de ces divers éléments, en ne laissant entre eux que les distances miminum, donne le résultat suivant :

Corps à trois divisions.

Par le flanc, voitures par une, 26,051^{m}, 7;

En colonne serrée par demi-section, voitures par deux, 15,030 mètres;

Par le flanc, voitures par deux, 19,788^{m}, 8.

Corps à deux divisions.

Par le flanc, voitures par une, 19,926^{m},4;

En colonne serrée par demi-section, voitures par deux, 10,104^{m},5 ;

Par le flanc, voitures par deux, 14,292^{m}, 9.

Ces étendues sont purement mathématiques. Dans la pratique elles prennent un plus grand développement par la perte des distances. Quelque soin qu'on apporte à leur conservation, il est impossible de les maintenir. « Le vice le plus « fréquent dans les marches, surtout quand les « colonnes sont profondes, c'est l'allongement « qui s'ensuit, en raison de leur profondeur ou « du grand nombre des troupes qui les compo- « sent. » (Grimoard.)

Allongement des colonnes. — La théorie est impuissante à tenir compte des légères résistances, des petits obstacles, des faux mouvements individuels, des infimes accidents, dont la multiplicité finit par produire des kilomètres d'allongement. L'expérience ne nous vient presque pas en aide, par suite du manque d'observations recueillies. La loi d'allongement des colonnes est à établir en entier. Ce que la théorie, comme l'évidence, nous apprend, c'est que l'allongement croît progressivement et non proportionnellement à la longueur de la colonne et à la durée de la marche. Dans quelle mesure se produit-il? C'est ce que nous ne savons pas exactement. Quelques données permettent d'arriver seulement à une approximation.

Dans l'artillerie, on compte dans les longueurs de colonnes, un quart en plus pour les retards ordinaires en paix. En guerre, ce chiffre doublera certainement. Cette quantité sera dépassée par les voitures de munitions, de bagages, de vivres, qui n'ont pas la rigoureuse surveillance des voitures de batteries. Il n'est peut-être pas exagéré de la porter à deux tiers.

Considérons un des corps à 3 divisions de l'armée d'Italie en 1859. Son effectif était de 30,670 hommes. En marchant par le flanc et les voitures par deux, la longueur théorique de la colonne devait être de 14,011 mètres. Dans la marche du 13 juin, la 1re division arrive au bivouac quatre heures après son départ. La 3e n'arrive que cinq heures et demie après son départ. L'heure et demie de différence représente environ 6 kilomètres d'allongement ou les trois septièmes de la longueur totale de la colonne.

Si on prend les marches des 3, 6, 7 et 13 juin, pour lesquelles il y a des données assez précises, nous trouvons qu'il existe deux heures huit minutes, en moyenne, entre l'arrivée au bivouac des troupes de chaque division. La longueur théorique de chacune d'elles a dû être de 3,296 mètres et son écoulement ne devait demander que cinquante minutes. Tout en tenant compte de la distance qui pouvait avoir été prescrite entre les divisions, il n'en faudrait pas moins admettre que l'allongement a presque doublé l'étendue des colonnes.

Dans son histoire de la campagne de 1866, Borbstædt dit, au sujet du passage des montagnes de Bohême par l'armée du prince royal, qu'un corps d'armée avec ses bagages, sans les réserves de matériel, occupe un espace de 4 milles allemands (29,632 mètres). D'après nos calculs, le corps prussien à 2 divisions et un effectif de 34,000 hommes devait occuper théoriquement 19 kilomètres. Son allongement aurait donc été de 10,632 mètres, ou les quatre septièmes de son étendue totale.

La moyenne de ces trois exemples donnerait une augmentation des deux tiers.

Il faut reconnaître que le manque d'indications précises laisse planer une grande incertitude sur cette question. Dans les journaux de marches du premier empire, rien ne vient nous éclairer. Quelques observations officieusement recueillies au camp de Châlons tendraient à donner aux coonnes une longueur presque double de celle qu'elles auraient dû avoir, mais on ne peut rien conclure de ces données, d'ailleurs peu nombreuses. La proportion des deux tiers peut être admise pour l'allongement en campagne jusqu'à plus amples informations.

Cette proportion est énorme quand on en vient à l'application. Les chiffres permettent seuls de s'en faire une idée. Ils disent assez haut combien le sujet mérite d'être étudié et combien il est important de parvenir à réduire la perte des distances. Le tableau suivant, n° 11, montre ce que devient la longueur théorique des colonnes avec un allongement de deux tiers, un tiers ou un quart.

Tableau n° 11. — Comparaison de divers allongements de colonne.

Tableau n° 11. — Comparaison de divers allongements de colonne.

DÉSIGNATION.	LONGUEUR mathématique de la colonne.	ALLONGEMENT DE 2/3		ALLONGEMENT DE 1/3		ALLONGEMENT DE 1/4	
		Augmentation de longueur.	Étendue totale de la colonne.	Augmentation de longueur.	Étendue totale de la colonne.	Augmentation de longueur.	Étendue totale de la colonne.
CORPS A 3 DIVISIONS.							
	mètres.	mètres.	mètres.	mètres.	mètres.	mètres.	mètres.
Par le flanc, voitures par 1	26051.7	17367.8	43419.5	8683.9	34735.6	6512.9	32564.6
En colonne serrée par 1/2 section, voitures par 2	15030	10020	25050	5010	20040	3757.5	18787.5
Par le flanc, voitures par 2......	19788.8	13192.4	32981.2	6596.2	26385	4947.2	24736
CORPS A 2 DIVISIONS.							
Par le flanc, voitures par 1	19926.4	13284.2	33210.6	6642.1	26568.5	4981.6	24908
En colonne serrée par 1/2 section, voitures par 2...........	10104.5	6736.2	16840.7	3368.1	13472.6	2526	12630.5
Par le flanc, voitures par 2......	14292.9	9528.6	23821.5	4764.3	19057.2	3574.2	17867.1

Les haltes ont pour effet de réparer la perte des distances, lorsque l'étendue perdue peut être parcourue en moins de temps que la durée de la pause. S'il n'en est pas ainsi, le repos ne se fait pas sentir pour une partie de la colonne, qui se trouve obligée de franchir l'étape sans aucun arrêt. Or des instants de délassement sont nécessaires aux hommes, pour se soulager du poids du sac, pour refaire une charge, rebâter un animal, etc. Quand ces haltes n'existent pas, les hommes s'épuisent, s'exaspèrent, s'arrêtent, quittent la colonne sous divers prétextes, ralentissent leur pas, etc..., et plus il y a d'allongement, plus il augmente. La quantité de troupes qu'on peut faire marcher réunies en une seule masse est déterminée par la durée des haltes et par le temps nécessaire pour regagner les distances perdues. Cela dépend de la vitesse de la marche, qu'il faut d'abord rechercher.

Vitesse de marche. — Voici à ce sujet l'opinion de quelques écrivains militaires :

La cavalerie au pas fait 89 mètres à la minute, soit le kilomètre en 11 minutes 20 secondes. A l'heure, elle parcourt 5,340 mètres. (*Art de la guerre*, p. 14.)

L'infanterie fait 1 lieue à l'heure sans compter les haltes, en sorte que, tout compte fait, il lui faut 10 heures pour faire 8 lieues. (Von Miller.)

Suivant le chemin et sans forcer sa marche, l'infanterie peut faire 3 à 4,000 mètres à l'heure; la cavalerie, de 4,800 à 5,000. (Thiébaut, p. 282.)

L'infanterie fait 1 lieue par heure sans compter les haltes. La cavalerie fait 1 lieue un quart au pas et 2 lieues au trot modéré. (Dufour p. 79.)

La vitesse du pas de route de l'infanterie est de 85 à 90 pas par minute. Elle peut être portée à 100 dans un bon chemin, et se réduit à 75 ou 76 dans les sables et terrains montueux. (De Ternay, t. I, p. 100.)

Les théoriciens semblent d'accord pour admettre qu'au pas de route, de 85 à 90 à la minute, le fantassin parcourt 60 mètres, soit le kilomètre en 16 minutes 40 secondes, et 3 600 mètres à l'heure. Au pas accéléré de 100 à la minute, il peut faire 66 mètres à la minute, soit le kilomètre en 15 minutes et 4 000 mètres à l'heure.

La cavalerie franchit au pas 100 mètres par minute, soit le kilomètre en 10 minutes et 6 kilomètres à l'heure.

Au trot, elle parcourt 210 mètres par minute, soit le kilomètre en 4 minutes 45 secondes ou 12 kil. 6 à l'heure.

Demandons maintenant à l'expérience ses indications.

Tableau n° 12. — Renseignements recueillis au camp de Châlons.

DÉSIGNATION.	CHEMIN à parcourir.	TEMPS employé.	TEMPS par kilomètre	ESPACE à la minute.
	mètres.	h. m.	m. s.	mètres.
14 bataillons, 5953 hommes, par peloton 1/2 distance..	4500	» 45	10 »	100. »
7 bataillons, 3007 hommes, par peloton, 1/2 distance.	5000	1 10	14 »	71.43
15 bataillons, 6388 hommes, en 2 colonnes par peloton, 1/2 distance.	3800	» 48	12 40	79.17
	2500	» 27	10 48	92.59
15 bataillons, 6388 hommes, en 1 seule colonne par peloton, 1/2 distance.	6300	1 17	12 14	81.82
14 bataillons, 5979 hommes, par peloton, 1/2 distance..	5500 aller.	1 6	12 »	83.33
	5500 retour.	» 58	10 34	94.83
13 bataillons, 5557 hommes, par division à distance de peloton	3500	» 41	11 44	85.36
Moyenne			11 44	86.06

Les renseignements du camp de Châlons, consignés dans le tableau précédent n° 12, attribuent à l'infanterie une vitesse de 86m 06 à la minute, soit le kilomètre, en 11 minutes 44 secondes ou 5,110 mètres à l'heure. Le terrain du camp est très-favorable à la marche ; les hommes y sont peu ou point chargés. Ils se trouvent dans de bonnes conditions de repos et de santé. On ne peut donc pas conclure de ces données ce qui se passera en campagne où les conditions seront très-différentes. Ce qui est certain, c'est que la vitesse sera bien moindre.

Une des premières divisions françaises qui partit pour l'Italie employa, d'après son journal de marche, 11 heures pour se rendre de Lans-le-Bourg à Suze (34 kilomètres), en passant le mont Cénis. Cette marche fut certainement coupée de 7 repos, dont 6 de 10 minutes et 1 grande halte de 1 heure ; soit 2 heures d'arrêt. Il resterait 9 heures de marche pour franchir 34 kilomètres, ou 3,780 mètres à l'heure.

Le jour de la bataille de Sadowa, l'armée du prince royal, appelée au secours de celle du prince Frédéric-Charles, a dû atteindre le maximum de vitesse possible. L'avant-garde de la 1re division de la garde franchit les 10 kilomètres qui séparent Daubrawitz de Jericek en 2 heures et demie, soit 4 kilomètres à l'heure, et on constate *qu'elle marchait à une allure extraordinairement accélérée*. Le gros de la colonne alla un peu moins vite et ne fit guère que 3,500 mètres. Il faut remarquer que le sol parcouru est assez accidenté, qu'il faisait mauvais temps et qu'on marchait à travers champs. Les autres corps n'offrirent point une pareille vitesse. Le 1er corps, bivouaqué à Chranstow, mit 9 heures pour parcourir 12,964 mètres, soit 1,440 mètres à l'heure. La 2e division de la garde, campée à Rettendorf, employa 10 heures pour une distance de 18,520, soit 1,852 mètres à l'heure. (Ces distances sont extraites de la relation de Borbstædt, p. 113.)

Sous le premier empire, nous ne trouvons aucun document précis qui permette d'établir la vitesse de marche.

L'antiquité nous fournit un exemple intéressant. Dans la première campagne des Gaules, César, partant de Lyon pour aller attaquer les Helvètes, et traversant la Saône au nord de Trévoux, parcourut 18 kilomètres en 6 heures (de minuit à 6 heures du matin) avec 3 légions. (*Vie de César*, t. II, p. 53.) Comme il dut y avoir des repos qu'on ne peut guère évaluer à moins de 1 heure, les 18 kilomètres auraient exigé 5 heures de marche réelle, soit 3,500 mètres à l'heure. Cette vitesse est faible pour les légions romaines. Elle s'explique par cette considération que la moitié de la marche s'opéra de nuit.

Bien que des observations nombreuses et exactes ne puissent nous fixer d'une manière positive sur cette question, on peut admettre qu'en moyenne une colonne, dont les éléments ne seront pas réunis en groupes trop importants et qui auront entre eux des espaces suffisants, pourra atteindre à une vitesse de 4 kilomètres, à l'heure, non compris les haltes, bien entendu.

La durée des pauses est habituellement de 10 minutes. Elle ne peut être augmentée sans faire perdre beaucoup de temps. Or en 10 minutes l'infanterie ne parcourt que 670 mètres à la vitesse de 4 kilomètres à l'heure. Si donc la perte des distances dépasse 670 mètres, toute la partie de la colonne placée au delà n'aura aucun repos.

Division des fractions en groupes. — Si l'on veut que la gauche de la colonne ait un minimum de 3 minutes de repos, la perte des distances ne devra pas excéder 7 minutes, temps qui correspond à une étendue de 466 mètres, représentant, avons-nous supposé, les deux tiers de la longueur de la colonne. Celle-ci ne pourra donc excéder 700 mètres. Dans le cas où l'on parviendrait à réduire l'allongement au tiers, la colonne pourrait atteindre au double.

Dans la cavalerie, la vitesse étant de 6 kilomètres à l'heure, la longueur de la colonne ne saurait dépasser 1,050 mètres avec l'allongement des deux tiers, ni 2,100 avec l'allongement d'un tiers.

Si donc on désire obtenir une marche aussi

régulière et aussi rapide que possible sans fatiguer les troupes, il est indispensable de décomposer les parties principales de la colonne en groupes secondaires, n'excédant pas l'étendue indiquée ci-dessus, et de les séparer par une distance égale aux deux tiers de leur profondeur mathématique.

Chaque tête de groupe secondaire réglant son pas de manière à franchir régulièrement 4 kilomètres à l'heure et faisant exactement une pause de 10 minutes toutes les heures, on doit obtenir habituellement une marche facile, sans à-coup, et assurer à tous quelques minutes de repos. Cette indépendance relative de chaque groupe est le seul moyen d'atteindre le maximum de vitesse possible, sans accroître la fatigue, et de réduire beaucoup l'allongement inévitable des longues colonnes.

Ce moyen n'est pas nouveau. Tous les écrivains modernes sont unanimes pour le conseiller. Mais aucun, je crois, n'a précisé ce fractionnement par le calcul, comme je viens de le faire. Tous se sont bornés à une indication générale.

« Le plus sûr moyen d'imprimer au mouve-
« ment des troupes toute la célérité dont il est
« susceptible est de beaucoup les partager. Non
« seulement plusieurs petits corps marchent plus
« rapidement qu'un corps considérable, mais
« encore les troupes des petits corps fatiguent

« moins que celles du gros. » (De Ternay, t. I, p. 15.)

« Par la divisibilité, plus facile ou plus com-
« mode, la mobilité s'augmente sans nuire à la
« consistance. » (Decker, *Tactique des trois*
« *armes*.)

L'expérience appuie complétement la théorie. Dans une masse aussi étendue que celle d'un corps d'armée, la multiplicité des à-coup, des petits accidents, des retards inévitables s'ajoutant les uns aux autres, amène une déperdition de distance énorme et une fatigue très-grande pour les troupes. Il en résulte du désordre, une dispersion extrême des hommes, un amoindrissement considérable de la densité de la colonne, et par conséquent une diminution de forces.

Les généraux du premier empire s'étaient bien aperçus de ce vice radical de la marche, et ils s'efforçaient d'y remédier. De nombreux ordres conservés dans les archives en font foi. J'en cite un comme exemple :

2e Corps. — Ordre de mouvement du 17 août 1813.

« Le 2e corps continuera demain 17 son mou-
« vement sur Gœrlitz, dans l'ordre où il est main-
« tenant, la 4e division en tête, la 6e division
« suivant la 4e, le parc et la réserve d'artillerie

« marchant après la 6e division, et la 5e division
« sion fermant la marche.

« Ainsi que je l'ai déjà fait pressentir ce matin, « il faut que dans cette circonstance et pendant « tout le temps des opérations militaires la mar- « che des troupes soit plus régulière, que les « régiments et les bataillons soient pour ainsi « dire massés en route, que l'on ne voie plus ces « colonnes décousues, frêles et sans défense, « comme elles ont paru depuis que nous sommes « en mouvement. »

Ce qu'on voulait à cette époque, c'était la condensation des éléments bien plus que celle de la colonne entière. C'est la thèse que nous soutenons également. Ne pouvant empêcher l'allongement, il faut le régler pour le restreindre, calculer l'étendue nécessaire aux fluctuations de chaque groupe, de façon que les têtes des divers échelons conservent entre elles une distance invariable et que la gauche de chacun d'eux ait un espace suffisant pour s'étendre et se resserrer sans influencer l'échelon suivant.

Il ne faut pas se croire obligé à marcher en masse compacte. Loin d'être une cause de force, c'en est une de faiblesse. On sera toujours assez fort si chaque élément maintient bien son unité. Ce qui importe à la rapidité comme à la sécurité de la marche, c'est que les unités serrent et non l'ensemble. Par ces motifs, tous les théoriciens, comme ceux qui ont pratiqué la guerre, ont été unanimes à prescrire le morcellement des grosses colonnes.

C'est d'après ces principes, et conformément à l'ordre des tableaux nos 5, 6, 7, que sont calculés les suivants, numéros 13, 14 et 15, donnant la longueur et l'allongement des portions principales et secondaires de la colonne.

Tableau n° 13. — Étendue et allongements des différents groupes.

DÉSIGNATION.	PAR LE FLANC, voitures par 1.		EN COLONNE SERRÉE par 1/2 section, voitures par 2.		PAR LE FLANC, voitures par 2.	
	Longueur avec distance de manœuvre	Longueur en route.	Longueur avec distance de manœuvre	Longueur en route.	Longueur avec distance de manœuvre	Longueur en route.
AVANT-GARDE.						
Cavalerie.						
5 hommes	—	20	—	20	—	20
Distance	—	100	—	100	—	100
1 peloton	23	23	23	23	23	23
Distance	—	100	—	100	—	100
3 pelotons	79	79	79	79	79	79
Distance	—	300	—	300	—	300
État-major de régiment	20	20	20	20	20	20
3 escadrons (intervalle des escadrons à 20 mètres)	306	306	306	306	306	306
1 batterie à cheval	225	225	129	129	129	129
Allongement	—	367	—	290	—	290
État-major de régiment	20	20	20	20	20	20
4 escadrons	412	412	412	412	412	412
Allongement (*)	—	—	—	—	—	—
Total	1089	1972	993	1799	993	1799
Infanterie.						
1re Brigade.						
1er groupe.						
1 compagnie	39.6	39.6	17	17	39.6	39.6
Compagnie du génie	88.6	88.6	50	50	72.6	72.6
Distance	—	200	—	200	—	200
5 compagnies	198	198	100	100	198	198
1 batterie	207	207	111	111	111	111
2 compagnies de chasseurs	79.2	79.2	34	34	79.2	79.2
Allongement	—	322.8	—	163.2	—	258.8
	612.4	1135,2	312	675.2	500.4	959.2
Distance	—	300	—	200	—	300
2e groupe.						
État-major de la division	40	40	40	40	40	40
État-major de la brigade	20	20	20	20	20	20
État-major de régiment	30	30	30	30	30	30
A reporter	90	90	90	90	90	90

(*) Il n'y a pas à en tenir compte, puisque l'infanterie est assez éloignée.

DÉSIGNATION.	PAR LE FLANC voitures par 1.		EN COLONNE SERRÉE par 1/2 section, voitures par 2.		PAR LE FLANC, voitures par 2.	
	Longueur avec distance de manœuvre	Longueur en route.	Longueur avec distance de manœuvre	Longueur en route.	Longueur avec distance de manœuvre	Longueur en route.
Report.	90	90	90	90	90	90
1 bataillon.	237.6	237.6	117	117	237.6	237.6
Distance.	12	12	12	12	12	12
1 bataillon.	237.6	237.6	117	117	237.6	237.6
Allongement.	—	324.8	—	164	—	324.8
	577.2	902	336	500	577.2	902
3e *groupe.*						
État-major de régiment.	30	30	30	30	30	30
1 bataillon.	237.6	237.6	117	117	237.6	237.6
Distance.	12	12	12	12	12	12
1 bataillon.	237.6	237.6	117	117	237.6	237.6
Allongement.	—	324.8	—	164	—	324.8
	517.2	842	276	440	517.2	842
4e *groupe.*						
1 batterie.	207	207	111	111	111	111
2 compagnies de chasseurs.	79.2	79.2	34	34	79.2	79.2
Distance.	12	12	12	12	12	12
1 bataillon.	237.6	237.6	117	117	237.6	237.6
Distance.	—	12	—	12	—	12
1/3 de l'ambulance.	90	90	50	50	50	50
Allongement.	—	417.2	—	216	—	326
Total.	625.8	1050.8	324	552	489.8	827.8
Télégraphie.	203	203	107	107	107	107
GROS DE LA COLONNE.						
2e BRIGADE.						
1er *groupe.*						
1 compagnie.	39.6	39.6	17	17	17	17
Distance.	—	200	—	200	—	200
5 compagnies.	198	198	100	100	198	198
1 batterie.	207	207	111	111	111	111
2 compagnies de chasseurs.	79.2	79.2	34	34	79.2	79.2
Allongement.	—	322.8	—	163.2	—	258.8
	523.8	1046.6	262	625.2	405.2	864
2e *groupe.*						
État-major de la brigade.	20	20	20	20	20	20
État-major du régiment.	30	30	30	30	30	30
1 bataillon.	237.6	237.6	117	117	237.6	237.6
Distance.	12	12	12	12	12	12
A reporter.	299.6	299.6	179	179	299.6	299.6

DÉSIGNATION	PAR LE FLANC, voitures par 1.		EN COLONNE SERRÉE par 1/2 section, voitures par 2.		PAR LE FLANC, voitures par 2.	
	Longueur avec distance de manœuvre	Longueur en route.	Longueur avec distance de manœuvre	Longueur en route.	Longueur avec distance de manœuvre	Longueur en route.
Report	299.6	299.6	179	179	299.6	299.6
1 bataillon	237.6	237.6	117	117	237.6	237.6
Allongement	—	324.8	—	164	—	324.8
	537.2	862	296	460	537.2	862
3e *groupe.*						
État-major du régiment	30	30	30	30	30	30
1 bataillon	237.6	237.6	117	117	237.6	237.6
Distance	12	12	12	12	12	12
1 bataillon	237.6	237.6	117	117	237.6	237.6
Allongement	—	324.8	—	164	—	324.8
	517.2	842	276	440	517.2	842
4e *groupe.*						
1 bataillon	237.6	237.6	117	117	237.6	237.6
Distance	12	12	12	12	12	12
Réserve de munitions	190	190	94.5	94.5	94.5	94.5
Distance	12	12	12	12	12	12

DÉSIGNATION	Longueur avec distance de manœuvre	Longueur en route.	Longueur avec distance de manœuvre	Longueur en route.	Longueur avec distance de manœuvre	Longueur en route.
Ambulance	486	486		404	110	110
Allongement	—	425	—	226.2	—	340
	637.6	1062.6	339.5	565.7	466.1	776.7
3e BRIGADE.						
1er *groupe.*						
État-major de la 2e division	40	40	40	40	40	40
État-major de la brigade	20	20	20	20	20	20
État-major de régiment	30	30	30	30	30	30
1 bataillon	237.6	237.6	117	117	237.6	237.6
Distance	12	12	12	12	12	12
Compagnie du génie	77.6	77	38	38	60.6	60.6
Distance	12	10	12	12	12	12
1 batterie	195	195	99	99	99	99
Distance	12	12	12	12	12	12
2 compagnies de chasseurs	79.2	79.2	34	34	79.2	79.2
Allongement	—	416.8	—	216	—	341.6
	715.4	1129.6	414	630	602.4	944
2e *groupe.*						
1 bataillon	237.6	237.6	117	117	237.6	237.6
Distance	12	12	12	12	12	12
1 bataillon	237.6	237.6	117	117	237.6	237.6
État-major de régiment	30	30	30	30	30	30
1 bataillon	237.6	237.6	117	117	237.6	237.6
Allongement	—	483.2	—	242	—	483.2
	754.8	1238	393	635	754.8	1238

DÉSIGNATION.	PAR LE FLANC, voitures par 1.		EN COLONNE SERRÉE par 1/2 section, voitures par 1.		PAR LE FLANC, voitures par 2.	
	Longueur avec distance de manœuvre	Longueur en route.	Longueur avec distance de manœuvre	Longueur en route.	Longueur avec distance de manœuvre	Longueur en route.
3e groupe.						
1 bataillon.	237.6	237.6	117	117	237.6	237.6
Distance.	12	12	12	12	12	12
1 batterie.	195	195	99	99	99	99
Distance.	12	12	12	12	12	12
2 compagnies de chasseurs.	79	79.2	34	34	79.2	79.2
Distance	12	12	12	12	12	12
1 bataillon.	237.6	237.6	117	117	237.6	237.6
Allongement	—	523.6	—	268.6	—	459.6
	785.4	1309	403	674.6	689.4	1149
4e BRIGADE.						
1er groupe.						
État-major de la brigade.	20	20	20	20	20	20
Etat-major de régiment.	30	30	30	30	30	30

DÉSIGNATION.	PAR LE FLANC, voitures par 1.		EN COLONNE SERRÉE par 1/2 section, voitures par 1.		PAR LE FLANC, voitures par 2.	
	Longueur avec distance de manœuvre	Longueur en route.	Longueur avec distance de manœuvre	Longueur en route.	Longueur avec distance de manœuvre	Longueur en route.
1 bataillon.	237.6	237.6	117	117	237.6	237.6
Distance.	12	12	12	12	12	12
1 batterie.	195	195	99	99	99	99
Distance.	12	12	12	12	12	12
2 compagnies de chasseurs.	79.2	79.2	34	34	79.2	79.2
Distance.	12	12	12	12	12	12
1 bataillon.	237.6	237.6	117	117	237.6	237.6
Allongement.	—	523.6	—	268.6	—	459.6
	835.4	1359	453	721.6	739.4	1199
2e groupe.						
1 bataillon.	237.6	237.6	117	117	237.6	237.6
Etat-major de régiment.	30	30	30	30	30	30
1 bataillon.	237.6	237.6	117	117	237.6	237.6
Distance.	12	12	12	12	12	12
1 bataillon.	237.6	237.6	117	117	237.6	237.6
Allongement.	—	483.2	—	242	—	483.2
	754.8	1238	393	635	754.8	1238
3e groupe.						
1 bataillon.	237.6	237.6	117	117	237.6	237.6
Distance).	12	12	12	12	12	12
Réserve de munitions.	190	190	94.5	94.5	94.5	94.5
Distance.	12	12	12	12	12	12
Ambulance.	264	264	142	142	148	148
Allongement.	—	477	—	251.6	—	336
	745.6	1192.6	377.5	629.1	504.1	840.1

DÉSIGNATION.	PAR LE FLANC, voitures par 1.		EN COLONNE SERRÉE, par 1/2 section, voitures par 2.		PAR LE FLANC, voitures par 2.	
	Longueur avec distance de manœuvre	Longueur en route.	Longueur avec distance de manœuvre	Longueur en route.	Longueur avec distance de manœuvre	Longueur en route.
RÉSERVE.						
5e Brigade.						
1er groupe.						
État-major de la 3e division. . .	40	40	40	40	40	40
Etat-major de la brigade	20	20	20	20	20	20
Etat-major de régiment.	30	30	30	30	30	30
1 bataillon.	237.6	237.6	117	117	237.6	237.6
Distance..	12	12	12	12	12	12
Compagnie du génie..	77.6	77	38	38	60.6	60.6
Distance..	12	12	12	12	12	12
1 batterie..	195	195	99	99	99	99
Distance..	12	12	12	12	12	12
2 compagnies de chasseurs. . .	79.2	79.2	34	34	79.2	79.2
Allongement.	—	416.8	—	216	—	341.9
	715.4	1129.6	414	630	602.4	944
2e groupe.						
1 bataillon.	237.6	237.6	117	117	237.6	237.6
Distance..	12	12	12	12	12	12
1 bataillon.	237.6	237.6	117	117	237.6	237.6
Etat-major de régiment. . . .	30	30	30	30	30	30
1 bataillon.	237.6	237.6	117	117	237.6	237.6
Allongement..	—	483.2	—	242	—	483.2
	754.8	1238	393	635	754.8	1238
3e groupe.						
1 bataillon.	237.6	237.6	117	117	237.6	237.6
Distance..	12	12	12	12	12	12
1 batterie..	195	195	99	99	99	99
Distance..	12	12	12	12	12	12
2 compagnies de chasseurs. . .	79.2	79.2	34	34	79.2	79.2
Distance..	12	12	12	12	12	12
1 bataillon.	937.6	237.6	117	117	237.6	237.6
Allongement	—	520.6	—	268.6	—	459.6
	785.4	1309	403	671.6	689	1149
6e Brigade.						
1er groupe.						
État-major de la brigade.	20	20	20	20	20	20
Etat-major de régiment..	30	30	30	30	30	30
1 bataillon.	237.6	237.6	117	117	237.6	237.6
Distance..	12	12	12	12	12	12
A reporter.	299.6	299.6	179	179	299.6	299.6

DÉSIGNATION.	PAR LE FLANC, voitures par 1.		EN COLONNE SERRÉE par 1/2 section, voitures par 2.		PAR LE FLANC, voitures par 1.	
	Longueur avec distance de manœuvre	Longueur en route.	Longueur avec distance de manœuvre	Longueur en route.	Longueur avec distance de manœuvre	Longueur en route.
Report.	299.6	299.6	179	179	299.6	299.6
1 batterie.	195	195	99	99	90	99
Distance.	12	12	12	12	12	12
2 compagnies de chasseurs.	79.2	79.2	34	34	79.2	79.2
Allongement.	—	357.2	—	182.6	—	293.2
	585.8	943	324	506.6	489.8	783
2e *groupe.*						
1 bataillon.	237.6	237 6	117	117	237.6	237.6
Distance.	12	10	12	—	12	12
1 bataillon.	237.6	237.6	117	117	237.6	237.6
Distance.	—	—	—	—	—	—
Etat-major de régiment.	30	30	30	30	30	30
1 bataillon.	237.6	237.6	117	117	237.6	237.6
Allongement.	—	483.2	—	242	—	483.2
	754.8	1238	393	635	754.8	1238
3e *groupe.*						
Réserve de munitions.	190	190	94.5	94.5	94.5	94.5
Distance.	12	12	12	12	12	12
Ambulance.	264	264	142	142	148	148
Distance.	12	12	12	12	12	12
1 bataillon.	237.6	237.6	117	117	237.6	237.6
Allongement.	—	477	—	251.6	—	336
	715.6	1492.6	377.5	629.1	504.1	840.1
5 BATTERIES DE RÉSERVE (2 groupes).						
État-major.	12	12	12	12	12	12
1 batterie à cheval.	213	213	117	117	117	117
Distance.	12	12	12	12	12	12
1 batterie montée.	195	195	99	99	99	99
Distance.	12	12	12	12	12	12
1 batterie montée.	195	195	99	99	99	99
Distance.	12	12	12	12	12	12
1 batterie de 12.	319	319	159	159	159	159
Distance.	12	12	12	12	12	12
1 batterie de 12.	319	319	159	159	159	159
Allongement.	—	867.2	—	462	—	462
	1301	2168.2	693	1155	693	1155
Cavalerie.						
2 régiments (7 escadrons).	758	758	758	758	758	758
Allongement.	—	505.2	—	505.2	—	505.2
	758	1263.2	758	1263.2	758	1263.2

DÉSIGNATION.	PAR LE FLANC. voitures par 2.		EN COLONNE SERRÉE par 1/2 section, voitures par 1.		PAR LE FLANC, voitures par 1.	
	Longueur avec distance de manœuvre	Longueur en route.	Longueur avec distance de manœuvre	Longueur en route.	Longueur avec distance de manœuvre	Longueur en route.
CONVOI.						
1er groupe.						
Génie de réserve.	77.6	77.6	38	38	60.6	60.6
Distance.	12	12	12	12	12	12
Ambulance.	264	264	142	142	148	148
Distance.	12	12	12	12	12	12
Équipage du ponts.	590	590	308	308	317	317
Allongement.	—	637	—	341.2	—	366.4
	955.6	1592	512	853.2	549.6	946
2e groupe.						
Parc d'artillerie.	880	880	480	480	480	480
Allongement.	—	586.6	—	320	—	320
	880	1466.6	480	800	480	800
3e groupe.						
Suite du parc d'artillerie. . . .	850	850	450	450	450	450
Allongement.	—	566.6	—	300	—	300
	850	1416.6	450	750	450	750
Suite du parc d'artillerie. . . .	590	500	295	293	295	295
Distance.	12	12	12	12	12	12
Parc du génie.	143	143	79	79	79	79
Distance.	12	12	12	12	12	12
Parc des équipages.	79	79	47	47	47	47
Allongement.	—	557.2	—	296.6	—	296.6
	836	1393.2	445	741.6	445	741.6
5e et 6e groupes.						
Trésor, matériel administratif, bagages et vivres du quartier général.	1182	1182	670	670	683	683
Allongement.	—	788	—	446.6	—	454.6
	1182	1970	670	1116.6	683	1137.6
7e et 8e groupes.						
Convoi de la 1re division.	1393.5	1393.5	774.5	774.5	787.5	787.5
Allongement.	—	929	—	516.2	—	525
	1393.5	2322.5	774.5	1290.7	787.5	1312.5
9e et 10e groupes.						
Convoi de la 2e division.	1393.5	2322.5	774.5	1290.7	787.5	1312.5
11e et 12e groupes.						
Convoi de la 3e division.	1393.5	2322.5	774.5	1290.7	787.5	1312.5

DÉSIGNATION.	PAR LE FLANC, voitures par 1.		EN COLONNE SERRÉE par 1/2 section, voitures par 2.		PAR LE FLANC, voitures par 2.	
	Longueur avec distance de manœuvre	Longueur en route.	Longueur avec distance de manœuvre	Longueur en route.	Longueur avec distance de manœuvre	Longueur en route.
ARRIÈRE-GARDE.						
5 compagnies..........	198	198	100	100	198	198
Distance..........	—	200	—	150	—	200
1 compagnie..........	39.6	39.6	17	17	39.6	39.6
Distance..........	—	200	—	150	—	200
1 escadron (3 pelotons).....	79	79	79	79	79	79
Distance..........	—	100	—	100	—	100
1 peloton..........	23	23	23	23	23	23
Distance..........	—	100	—	100	—	100
5 hommes..........	—	20	—	20	—	20
Total..........	339.6	959.6	219	739	339.6	959.6

Tableau n° 14. — Récapitulation du corps à trois divisions.

DÉSIGNATION.	PAR LE FLANC, voitures par 1.		EN COLONNE SERRÉE par 1/2 section, voitures par 2.		PAR LE FLANC, voitures par 2.	
	Longueur avec distance de manœuvre	Longueur en route.	Longueur avec distance de manœuvre	Longueur en route.	Longueur avec distance de manœuvre	Longueur en route.
AVANT-GARDE.						
Cavalerie..........	1089	1972	993	1799	993	1799
Infanterie, 1re brigade.....	2332	4230	1248	2367	2084.6	3831
Total de l'avant-garde. .	3421	6202	2241	4166	3077.6	5630
GROS DE LA COLONNE.						
2e brigade..........	2215.8	3813.2	1173.5	2090.9	1925.7	3344.7
3e brigade..........	2255.6	3676.6	1210	1936.6	2046.6	3331
4e brigade..........	2305.8	3789.6	1223.5	1985.7	1998.3	3269.9
Total du gros......	6777.2	11279.4	3597	6013.2	5970.6	9945.6

DÉSIGNATION.	PAR LE FLANC, voitures par 1.		EN COLONNE SERRÉE par 1/2 section, voitures par 3.		PAR LE FLANC, voitures par 2.	
	Longueur avec distance de manœuvre	Longueur en route.	Longueur avec distance de manœuvre	Longueur en route.	Longueur avec distance de manœuvre	Longueur en route.
RÉSERVE.						
5e brigade.	2255.6	3676.6	1240	1936.6	2046.6	3331
6e brigade.	2056.2	3373.6	1094.5	1770.7	1748.7	2861.9
Batteries de réserve.	1301	2168.2	693	1155	693	1155
Total de la réserve.	5612.8	9218.4	2997.5	4862.3	4488.3	7347.9
Cavalerie.	758	1263.2	758	1263.2	758	1263.2
CONVOI.						
Génie, ambulance, équipage de ponts, parcs d'artillerie, du génie et du train.	3521.6	5868.4	1887	3144.8	1924.6	3207.6
Trésor, matériel administratif, bagages et vivres du quartier général.	1482	1970	670	1116	683	1137.6
1re division.	1393.5	2322.5	774.5	1290.7	787.5	1312.5
2e division.	1393.5	2322.5	774.5	1290.7	787.5	1312.5
3e division.	1393.5	2322.5	774.5	1290.7	787.5	1312.5
Total du convoi.	8884.1	14805.9	4880.5	8132.9	5970.1	8282.7
ARRIÈRE-GARDE.						
Infanterie et cavalerie.	339.6	959.6	219	739	339.6	959.6
—						
RÉSUMÉ.						
Avant-garde.	3421	6202	2241	4166	3077.6	5630
Gros de la colonne.	6777.2	11279.4	3597	6013.2	5970.6	9945.6
Réserve.	5612.8	9218.4	2997.5	4862.3	4488.3	7347.9
Cavalerie.	758	1263.2	758	1263	758	1263
Convoi.	8884.1	14805.9	4880.5	8132.9	5970.1	8282.1
Arrière-garde.	339.6	959.6	219	739	339.6	959.6
Total général.	25792.7	43728.5	14693	25176.4	20604.2	33428.2

Tableau n° 15. — Récapitulation du corps à deux divisions.

DÉSIGNATION.	PAR LE FLANC, voitures par 1.		EN COLONNE SERRÉE par 1/2 section, voitures par 2.		PAR LE FLANC, voitures par 2.	
	Longueur avec distance de manœuvre	Longueur en route.	Longueur avec distance de manœuvre	Longueur en route.	Longueur avec distance de manœuvre	Longueur en route.
AVANT-GARDE.						
Cavalerie.	1089	1972	993	1799	993	1799
Infanterie, 1re brigade.	2332	4230	1248	2367	2084.6	3831
Total de l'avant-garde. .	3421	6202	2241	4166	3077,6	5630
GROS DE LA COLONNE.						
2e brigade.	2215.8	3813.2	1173.5	2090.9	1925.7	3344.7
3e brigade.	2255	3676.6	1210	1936.6	2046,6	3331
Total du gros.	4470.8	7489.8	2383.5	4027.5	3972.3	6675.7
RÉSERVE.						
4e brigade.	2056.2	3373.6	1094.5	1770.7	1748.7	2861.9
5 batteries de réserve..	1301	2168.2	693	1155	693	1155
Total de la réserve. . . .	3357.2	5541.8	1687.5	2925.7	2441.7	3016.9
Cavalerie, 3 escadrons.	326	543.2	326	543.2	326	543.2
CONVOI.						
Génie, ambulance, équipage de ponts, parcs d'artillerie, du génie et du train..	3074	5123.2	1646.5	2744.1	1683.5	2805,7
Trésor, matériel administratif, bagages et vivres du quartier général..	1482	1970	670	1116	683	1137
1re division..	1393.5	2322.5	774.5	1290.7	787.5	1312.5
2e division.	1393.5	2323.5	774.5	1290.5	787.5	1312.5
Total du convoi.	7043	11738.2	3865.5	6441.3	3941.5	6567.7
ARRIÈRE-GARDE.						
Infanterie et cavalerie.	339.6	959.6	219	739	339.6	959.6
—						
RÉSUMÉ.						
Avant-garde..	3421	6202	2241	4166	3077.6	5630
Gros de la colonne.	4470.8	7489.8	2383.5	4027.5	3972.3	6675.7
Réserve..	3357.2	5541.8	1867.5	2925.7	2441.7	3016.7
Cavalerie.	326	543.2	326	543.2	326	543.2
Convoi.	7043	11738.2	3865.5	6441.3	3941.5	6567.1
Arrière-garde..	339.6	959.6	219	739	339.6	959.6
Total général.	18957.6	32474.6	10902.5	18842.5	14098.7	23392.3

Calcul des distances. — Les résumés donnés à la fin des tableaux nos 14 et 15 indiquent l'étendue des six parties principales de la colonne, y compris l'allongement.

De même que l'indépendance des groupes est indispensable; de même il est nécessaire d'en assurer une, au moins égale, aux portions principales. Il y a lieu de faire une certaine part à l'imprévu et de ménager entre les masses, des espaces qui facilitent le mouvement, empêchent le désordre de se propager, permettent de s'arrêter, de reculer même, sans porter la confusion dans les autres parties. C'est bien plus en évitant l'encombrement et les à-coup qu'en augmentant la vitesse d'allure qu'on obtient la rapidité de marche.

La longueur de chaque partie étant connue par les tableaux précédents, rien n'est plus facile que de calculer les distances qui doivent séparer les principales fractions. Selon certains théoriciens, il conviendrait de les faire égales à leur longueur, ou le vide égal au plein. Il serait plus logique de dire que chacune d'elles doit être calculée sur le temps nécessaire pour former en ordre de combat la fraction qu'elle précède.

Corps d'armée à 3 divisions.

Premier cas. — Colonne par le flanc, voitures par une. — La longueur de l'avant-garde d'infanterie est de 4,230 mètres (y compris l'allongement). En bataille sur une seule ligne, elle occupera théoriquement 1847 mètres, et pratiquement 2,300 mètres.

La plus grande distance à parcourir pour sa formation en une ligne échelonnée sera de 4,450 mètres (voir le tableau n° 16, page 118). Elle exigera 1 heure 7 minutes, plus 20 minutes pour la transmission de l'avis de la présence de l'ennemi. La pointe de l'avant-garde de cavalerie devra ainsi se trouver à 6,450 mètres de l'infanterie. Comme elle a une longueur propre de 1972 mètres, la distance de la queue de la cavalerie à la tête de l'infanterie sera alors de 4,500 mètres.

Deuxième cas. — Colonne serrée par demi-section, voitures par deux. — La longueur de l'avant-garde d'infanterie est de 2,367 mètres. La plus grande distance pour se former en bataille est de 2,900 mètres. Elle exigera 50 minutes, plus 15 minutes pour la transmission de l'avis de la présence de l'ennemi. La tête de la cavalerie ne devra pas être éloignée de plus de 4,400 mètres, et sa queue se trouvera à 2,600 mètres de la tête de l'infanterie.

Troisième cas. — Colonne par le flanc, voitures par deux. — La longueur de l'avant-garde d'infanterie est de 3,831 mètres. La plus grande distance pour se former en bataille est de 3,900 mètres. Elle exigera 59 minutes, plus 20 minutes pour le temps d'être averti. La pointe de la cavalerie se tiendra donc à 5,900 mètres, et la queue se trouvera à 4,100 mètres de la tête de l'infanterie.

Deuxième hypothèse. — Si l'avant-garde d'infanterie devait se former sur deux lignes, son front se réduirait à 1373 mètres, et la plus grande distance à parcourir pour former l'extrémité de la seconde ligne, éloignée de 400 de la première, serait, dans le premier cas, de 4,000 mètres; dans le deuxième cas, de 2,300 ; dans le troisième cas, de 3,500 mètres. Les distances qui, dans ces cas, sépareront la gauche de la cavalerie de la droite de l'infanterie seront 2,000 mètres, 1500 mètres et 1700 mètres.

Les mêmes conditions devront être remplies à l'égard du gros de la colonne.

Première hypothèse. — *Premier cas.* — La plus grande distance à parcourir pour qu'il soit formé en bataille sur une seule ligne est de 11,750. C'est cet espace qui devra séparer la pointe d'avant-garde de la tête du gros. Or l'avant-garde occupe, déjà 10,702 mètres. La distance entre sa gauche et le gros sera de 1050 mètres.

Deuxième cas. — La plus grande distance pour se former est de 6,990 mètres. L'avant-garde occupe 6,766 mètres. Elle ne serait donc séparée du gros que par 250 mètres environ.

Troisième cas. — La plus grande distance à parcourir pour se former est de 10,150 mètres.

L'avant-garde occupe 9,750 mètres. Le gros en serait donc distant de 420 mètres.

Deuxième hypothèse. — Si le gros se formait sur 2 lignes, les plus grandes distances à parcourir dans les trois cas seraient 11,000 mètres, 6,000 mètres et 9,750 mètres. En considérant les longueurs occupées par l'avant-garde, qui sont 8,202 mètres, 4,666 mètres et 7,330 mètres, on obtiendrait pour les distances qui devraient la séparer du gros 2,800 mètres, 1,300 mètres et 2,400 mètres.

La distance entre la gauche du gros et la droite de la réserve n'est imposée par aucune exigence de formation en bataille. Elle n'a d'autre but que de faciliter la marche. Nous admettons dans ces calculs qu'elle peut être de la moitié ou du tiers de celle qui sépare le gros de l'avant-garde. Cette distance serait donc dans les trois cas de la seconde hypothèse 900 mètres, 450 mètres et 800 mètres.

L'espace à ménager entre la réserve et le convoi doit être tel que la seconde portion de la cavalerie puisse s'y mouvoir à son allure propre, sans être gênée par la marche de la réserve et sans nuire à celle du convoi. Le tableau n° 21, à la fin de cette étude, montre que cette distance est de 5,670 mètres.

Les distances de l'arrière-garde à la queue du convoi et entre les fractions qui la constituent elle-même n'ont pas une grande importance.

Elles se trouvent fixées pour ainsi dire d'après l'usage.

Le tableau n° 16 montre graphiquement l'étendue relative de la colonne entière d'un corps à 3 divisions pour chacun des trois cas.

Les mêmes calculs pour un corps d'armée à 2 divisions, dont les résultats sont indiqués au tableau n° 17, font voir que les plus grandes distances à parcourir pour que le gros se forme en bataille sont moins longues que l'étendue totale de l'avant-garde. Par conséquent il n'y aurait besoin pour ce motif d'aucune distance entre l'avant-garde et le gros, mais l'intérêt de la commodité de la marche oblige à en ménager une qui est alors facultative.

La longueur totale des corps d'armée, dans les trois cas susmentionnés, est résumée dans le tableau n° 18 ci-après, page 119.

Si l'on se reporte à ce qu'était la longueur théorique d'après le tableau n° 4 (page 40), on verra que le résultat final l'a plus que doublée. L'allongement l'a accrue des 2/3, et les distances entre les fractions principales l'ont augmentée encore de 7/15 en moyenne pour un corps à 3 divisions et de 6/11 pour un corps à 2 divisions. C'est ce que fait voir le tableau n° 19, pages 120 et 121.

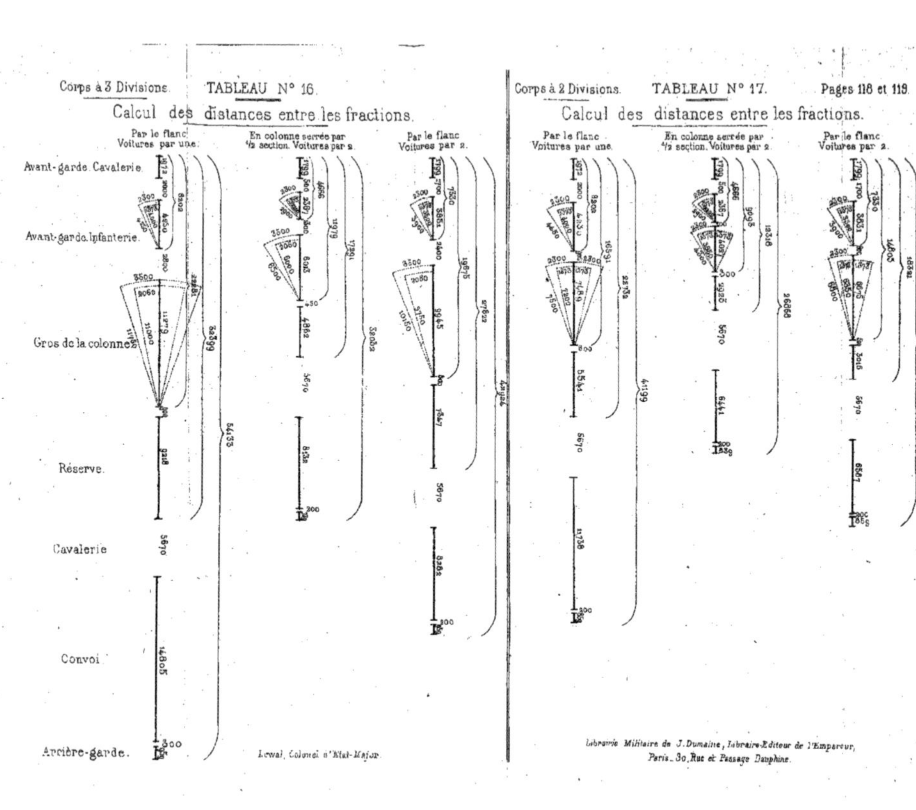

Corps à 3 Divisions.
TABLEAU N° 16.
Calcul des distances entre les fractions.
Par le flanc Voitures par une.
En colonne serrée par 1/2 section. Voitures par 2.
Par le flanc Voitures par 2.
Avant-garde. Cavalerie.
Avant-garde. Infanterie.
Gros de la colonne.
Réserve.
Cavalerie
Convoi
Arrière-garde.
Lewal, Colonel d'Etat-Major.
Corps à 2 Divisions.
TABLEAU N° 17.
Pages 118 et 119.
Calcul des distances entre les fractions.
Par le flanc Voitures par une.
En colonne serrée par 1/2 section. Voitures par 2.
Par le flanc Voitures par 2.
Librairie Militaire de J. Dumaine, Libraire-Éditeur de l'Empereur,
Paris, 30, Rue et Passage Dauphine.

Tableau n° 18. — Longueur totale d'un corps d'armée en route.

DÉSIGNATION.	PAR LE FLANC voitures par 1.	EN COLONNE serrée par 1/2 sect., v. par 2.	PAR LE FLANC voitures par 2.
CORPS A 3 DIVISIONS.			
Avant-garde de cavalerie.	1972	1799	1799
Distance.	2000	1500	1700
Avant-garde d'infanterie. .	4230	2367	3834
Distance.	2800	1300	2400
Gros de la colonne.	11279	6043	9945
Distance.	900	450	800
Réserve.	9218	4862	7347
Distance (*).	5670	5670	5670
Convoi.	14805	8132	8282
Distance.	300	200	200
Arrière-garde.	959	739	959
	54133	32032	42924
CORPS A 2 DIVISIONS.			
Avant-garde de cavalerie. .	1972	1799	1799
Distance.	2000	1500	1700
Avant-garde d'infanterie. .	4230	2367	3834
Distance.	900	400	800
Gros de la coonne.	7489	4027	6675
Distance.	600	300	500
Réserve.	5544	2925	3016
Distance (**).	5670	5670	5670
Convoi.	11738	6444	6567
Distance.	200	200	200
Arrière-garde..	859	639	859
	44199	25468	34647

(*) Dans cette distance se meut la seconde portion de la cavalerie, dont la longueur est de 1263 mètres.

(**) Dans cette distance se meut la cavalerie, dont la longueur est de 543 mètres.

Tableau n° 19. — Comparaison de la longueur des colonnes.

DÉSIGNATION.	PAR LE FLANC, voitures par 1.		EN COLONNE SERRÉE par 1/2 sect., voitures par 1.		PAR LE FLANC, voitures par 2.	
	Longueurs.	Différences.	Longueurs.	Différences.	Longueurs.	Différences
CORPS A 3 DIVISIONS.						
Longueur avec distance de manœuvre seulement, d'après le tableau n° 4.	26051.7		15030		19788.8	
Longueur en tenant compte de l'allongement évalué à 2/3, d'après le tableau n° 11. . . .	43419.5	17367.8	25050	10020	32981	13192.2
Longueur y compris les distances entre les fractions, d'après le tableau n° 18.	54133	10713.5	32032	6982	42924	9943
Total de l'augmentation. .	—	28081.3	—	17002	—	23135.2
CORPS A 2 DIVISIONS.						
Longueur avec distance de manœuvre seulement, d'après le tableau n° 4.	19226.4		10104.5		14292.9	
Longueur en tenant compte de l'allongement évalué à 2/3, d'après le tableau n° 11.	33210.6	13984.2	18840.7	8736.2	23821.5	9528
Longueur y compris les distances entre les fractions, d'après le tableau n° 18.	41199	7988.4	25468	6627.3	31647	7795.5
Total de l'augmentation. .	—	21972.6	—	15363.5	—	17323.5

Ces longueurs de colonne ne sont pas d'une exactitude absolue, puisque leur calcul repose sur des données peu connues encore relativement à l'allongement et à la vitesse. Cependant elles présentent quelque présomption de vérité, si l'on considère les deux faits suivants :

1° Suivant Borbstædt, dans sa relation de la campagne de 1866 (p. 94), « un corps d'armée « obligé de suivre une seule route avec ses con- « vois et ses bagages forme une colonne qui « occupe l'espace de 4 milles, si l'on ne compte « que les troupes seules. Les convois de mu- « nitions qui les suivent et les ambulances « tiennent encore une longueur d'au moins « 2 milles; » soit donc 6 milles allemands ou 4,4448 mètres pour un corps dont l'effectif était de 34,000 hommes.

Si nous prenons dans le tableau n° 20 (page 126) la longueur de la colonne pour l'effectif de 34,000 hommes d'un corps à 2 divisions, nous trouvons 46,549 mètres, les voitures marchant par une, comme c'était sans doute le cas du corps prussien. Les deux chiffres donnés par Borbstædt et par moi dans le présent travail ne diffèrent donc que de 2101 mètres, ce qui est peu de chose.

2° Une instruction pour l'armée italienne, intitulée *Norme relative alle marcie delle divisioni e dei corpi d'armata*, envisage la division à 11,000 hommes et le quartier général du corps d'armée à 6,850, ce qui donne un total de

39,850. En colonne par le flanc, les voitures par deux, elle fixe 27,000 mètres comme profondeur de la colonne de 3 divisions, en admettant l'allongement d'un quart. Si on supposait l'allongement de deux tiers, on aurait 33,750. Il est dit expressément dans cette instruction qu'on ne tient pas compte des distances qui existent entre les fractions. Si donc je les retranche du chiffre que j'ai trouvé pour le corps d'armée de 40,000 hommes à 3 divisions, j'obtiens 44,924 — 9,943 = 32,981 (voir les tableaux n°s 19 et 20). Si on compare le chiffre de 33,750 d'après les bases italiennes et celui de 32,981 qui résulte des calculs de ce travail, il y a une identité presque complète.

Variation de longueur suivant l'effectif. — L'effectif d'un même corps d'armée varie sans cesse, et quelquefois dans d'assez notables proportions ; presque toujours par suite des pertes, quelquefois par l'arrivée des renforts. Ces modifications dans le nombre des hommes ne changent pas l'organisation des services du corps d'armée, le nombre de ses voitures ni celui de ses pièces.

L'augmentation de longueur du convoi ne porte guère que sur les voitures de vivres, qui augmentent de deux par 1000 hommes, pour les deux rations de réserve ; soit une longueur de 20 mètres si l'on marche par deux, et de 40 mètres si l'on marche par une. Il y a donc une partie variable et une partie presque invariable.

1000 hommes par le flanc occupent 330 mètres, qui, augmentés des deux tiers pour l'allongement, donnent 550 mètres. Si l'on y joint la longueur des voitures de vivres et une petite modification correspondante dans la cavalerie qui peut être évaluée à 160 mètres, il est facile, une fois la longueur du corps d'armée calculée, de connaître ses variations de longueur d'après les situations d'effectif.

Nous en donnons l'exemple dans le tableau n° 20 ci-après.

Quant à la colonne serrée par demi-section, sa longueur se maintient constante en ce qui concerne l'infanterie, quel que soit l'effectif. Elle ne se modifie un peu que par l'accroissement ou la diminution de la cavalerie et du convoi de vivres.

Tableau n° 20.

Tableau n° 20.

DÉSIGNATION.	EFFECTIF.			LONGUEUR DE LA COLONNE.		
	Infanterie.	Services et troupes accessoires.	Total du corps d'armée.	Par le flanc, voitures par 1.	En colonne serrée par 1/2 sect., v. par 2.	Par le flanc, voitures par 2.
CORPS A 3 DIVISIONS.						
Compagnie à 166h (80 files). Bataillon à 999h. Division à 13356h	40068	9746	49814	62898	34754	49856
— 156 (75 —). — 939 — 12537	37611	9476	47087	60848	33602	47861
— 142 (68 —). — 855 — 11445	34335	9216	43551	57448	32846	44714
— 125 (60 —). — 753 — 10419	30357	8966	39323	54133	32032	42924
— 116 (55 —). — 699 — 9487	27251	8726	35977	51623	31429	41179
— 106 (50 —). — 639 — 8637	25911	8496	34407	50448	31147	38036
— 96 (45 —). — 579 — 7857	23571	8276	31847	48528	30685	36463
— 86 (40 —). — 549 — 7077	21231	8066	29297	46643	30225	34302
— 76 (35 —). — 459 — 6297	18891	7866	26757	44703	29769	32447
CORPS A 2 DIVISIONS.						
Compagnie à 166h (80 files). Bataillon à 999h. Division à 13356h	26712	7682	34394	46549	26467	36825
— 156 (75 —). — 939 — 12537	25074	7452	32526	45149	26205	35461
— 142 (68 —). — 855 — 11445	22890	7232	30122	43349	25869	33709
— 125 (60 —). — 753 — 10419	20238	7022	27260	41499	25468	34617
— 116 (55 —). — 699 — 9487	19234	6832	26066	40299	25300	30741
— 106 (50 —). — 639 — 8637	17274	6652	23926	38689	25001	29478
— 96 (45 —). — 579 — 7857	15714	6482	22196	37264	24745	27840
— 86 (40 —). — 549 — 7077	14154	6322	20476	36044	24518	26652
— 76 (35 —). — 459 — 6297	12594	6172	18766	34769	24280	25414

On pourrait faire d'utiles comparaisons entre les chiffres du tableau n° 20 et en tirer des conclusions intéressantes; mais cette question appartient plus à l'organisation des armées qu'aux marches, et ce n'est pas le lieu de s'y arrêter.

Applications pratiques des calculs. — Tous ces calculs de longueur de colonnes n'ont pas seulement pour but un intérêt de curiosité : ils ont des applications pratiques fort sérieuses et très-utiles, sur lesquelles il importe d'appeler l'attention.

1° *Séparation du convoi du corps d'armée de combat.* — Les calculs constatent que dans des colonnes une place variant du tiers au quart est occupée par le convoi. Or nous n'y avons supposé qu'une réserve de deux jours de vivres. Qu'on juge de ce qu'il deviendrait, si l'on voulait avoir des approvisionnements pour dix ou quinze jours et porter du grain pour les animaux! Le premier enseignement qui ressort de l'examen de ces chiffres est la nécessité absolue de vivre sur le pays. Il faut absolument trouver une combinaison qui amène ce résultat.

La seconde indication qui nous est donnée est l'obligation d'établir une séparation réelle entre le corps d'armée, troupes et son magasin ambulant, utile, mais lourd et gênant. Il importe au plus haut point de ne pas souder ces deux parties l'une à l'autre. L'indépendance réciproque est indispensable pour la rapidité des mouvements. L'essentiel, le but capital est d'amener promptement les combattants sur le champ de bataille. Ils doivent avoir toute liberté d'allure, marcher autant que le bon emploi de la force des hommes le permet, et ne jamais subordonner leurs mouvements au magasin roulant qui les suit.

Cela nous conduit à rompre avec des habitudes anciennes, mais le succès de nos opérations futures le réclame impérieusement. Il est nécessaire d'admettre que le convoi ne rejoindra pas tous les jours le corps d'armée de combat. Sans doute il ne s'en trouvera pas très-éloigné, mais la communication ne sera pas quotidienne avec lui. Elle s'établira seulement durant les séjours. Il faut s'accoutumer à s'en passer pendant quelques jours de suite, si l'on veut marcher rapidement avec de grande masses; faire beaucoup de chemin et ménager les forces des hommes.

L'objection principale à cette disposition est l'alimentation. Comment vivre si l'on se sépare du convoi? Napoléon Ier y répond : « Les « troupes modernes n'ont pas plus besoin de « pain et de biscuit que les Romains : donnez-« leur pendant les marches de la farine, ou du

« riz, ou des légumes, elles ne souffriront pas. » (*Commentaires*, t. VI, p. 90.)

La seconde objection repose sur le besoin qu'on peut avoir, en cas de combat, des réserves diverses que renferme le convoi. S'il y a engagement sérieux, les troupes se déploient, s'arrêtent ou s'avancent fort lentement. Le convoi, poursuivant sa marche, finira au bout de quelques heures par se rapprocher des lignes, précisément au moment où on devra y recourir. Les réserves divisionnaires suffisent à la consommation d'une bataille et au delà. La présence du parc d'artillerie sur le théâtre de la lutte ne paraît pas urgente. Celle de l'ambulance de réserve serait plus nécessaire, car on n'a jamais trop de moyens quand il s'agit de donner de prompts secours aux blessés. Les ambulances divisionnaires sont en mesure d'y pourvoir facilement pendant les premières heures de la lutte. L'ambulance de réserve a donc le temps d'arriver.

Les objections contre la séparation du convoi paraissent plus spécieuses que bien fondées. Les avantages de cette combinaison semblent, au contraire, incontestables. Un ouvrage récent les met fort remarquablement en relief..... « En « présence des grands avantages que semble « avoir acquis la guerre de positions, dit l'au- « teur, il reste à se demander si le principe du « mouvement a été appliqué dans toute sa force. « *L'armée qui saura réduire ses besoins pour*

« *faire la guerre des grands mouvements* ac-
« querra d'autant plus la supériorité sur ses ad-
« versaires que ceux-ci auront en leurs moyens
« artificiels une confiance plus illimitée, et
« l'agresseur audacieux détruira promptement
« cette confiance en prouvant combien il est
« facile de rompre la cohésion de ces moyens
« artificiels, et que cette rupture sur un seul
« point diminue beaucoup l'efficacité d'un sys-
« tème par trop impressionnable. » (Rustow, *l'Art militaire au dix-neuvième siècle*, t. II, p. 65.)

2° *Temps nécessaire pour prendre l'ordre préparatoire de combat.* — Lorsqu'il s'agit de combattre, il importe au plus haut point de connaître exactement le temps nécessaire à l'arrivée en ligne des divers éléments. Le calcul des longueurs, une fois fait, permet de le déterminer facilement. Prenons pour exemple le troisième cas du tableau n° 16 page 118.

La formation de l'avant-garde exige un parcours de 3,500 mètres et une durée de 52 minutes. La formation du gros nécessite un parcours de 6,750 mètres (1 heure 41 minutes), plus la distance de 6,231 mètres (1 heure 33 minutes) qui le sépare de la tête de l'avant-garde. Total, 12,981 mètres (3 heures 14 minutes).

A partir du moment où l'avant-garde sera en ordre de combat, il faudra une heure 33 minutes, moins 52 minutes ou 41 minutes, pour que les premières troupes du gros arrivent à son aide. Le gros ne sera complétement formé que 1 heure 51 minutes après, et les deux lignes seront établies en 3 heures 24 minutes.

La réserve doit parcourir 6,000 mètres (1 heure 30 minutes) pour se disposer à 400 mètres environ en arrière de la deuxième ligne. Elle commencera à prendre sa position 19 minutes après le gros de la colonne et elle y sera complétement au bout de 1 heure 30 minutes. La colonne aura donc besoin de 5 heures 13 minutes pour se former s'il s'agit de combattre inopinément. Si, au lieu d'éprouver un allongement des deux tiers, la perte des distances se réduisait au tiers, la colonne deviendrait moins longue de 4,864 mètres et le temps de sa formation en ordre de combat diminuerait de 1 heure 13 minutes. Il serait alors de 4 heures seulement.

Ce temps relativement considérable peut étonner, mais il n'en est pas moins réel, et il est indispensable d'en tenir compte dans les engagements, si l'on ne veut s'exposer à de graves mécomptes.

Nous ne trouvons rien de précis dans les archives sur le temps que les colonnes du premier Empire mettaient à se déployer. Un seul passage des *Commentaires de Napoléon Ier* a trait à cette question : « Il est des cas, dit-il, où une armée « doit marcher sur une seule colonne. *On a vu* « *des armées de* 120,000 *hommes marchant sur une*

« *seule colonne prendre leur ordre de bataille en* « *six heures.* » (*Commentaires*, t. VI, p. 167.)

Il est regrettable que Napoléon n'ait pas précisé dans quelles circonstances s'est accompli ce fait, qui nous semble impossible. D'après des calculs analogues aux précédents, 120,000 hommes, en une seule colonne sans convoi, occuperaient une étendue de 64 kilomètres.

En admettant qu'on l'ait disposée par pelotons à demi-distance, ce qui est peu vraisemblable, l'étendue se réduirait à 36 kilomètres. Si enfin on suppose qu'en prévision d'un combat certain, on eût déjà formé les troupes en ordre serré, la colonne n'aurait plus présenté que 21 kilomètres de profondeur. Dans ce cas, elle pouvait, en effet, se mettre en bataille en six heures, mais elle n'aurait jamais pu marcher dans cette formation compacte.

Durée des marches. — La troisième application du calcul des longueurs est la possibilité d'en déduire rapidement le temps nécessaire pour transporter la masse d'un corps d'armée d'un point à un autre. Il suffit de recourir à une petite ormule très-simple.

T représente la durée de la marche depuis le départ de la tête de la colonne, jusqu'à l'arrivée de la gauche à destination.

t est le temps qui s'écoule depuis l'arrivée de la tête au bivouac, jusqu'à l'arrivée de la queue.

E est l'étendue de l'étape.

e est l'étendue que parcourt la colonne en une minute, haltes comprises; autrement dit, la vitesse de marche.

L est la longueur mathématique de la colonne.

A est l'allongement causé par la perte des distances, et nous le supposons égal à deux tiers de L.

D représente les distances qui ont été ordonnées entre les fractions principales de la colonne.

Le temps que mettra la tête de colonne pour arriver au bivouac s'exprimera par $\frac{E}{e}$.

En y joignant t, on a :

$$T = \frac{E}{e} + t.$$

t est égal à la longueur de la colonne accrue de l'allongement et des distances, le tout divisé par la vitesse de marche.

Par conséquent,

$$t = \frac{L + A + D}{e}$$

ou

$$t = \frac{5/3\,L + D}{e}.$$

D'où

$$T = \frac{E + 5/3\,L + D}{e}.$$

Employons cette formule pour connaître le temps que mettrait notre corps de 3 divisions pour parcourir 20 kilomètres.

La longueur L de la colonne est de 19788,8 d'après le tableau n° 19.

La somme des distances D entre les fractions est de 9,943.

Admettons que les troupes fassent 4 kilomètres, y compris dix minutes de repos ; cela représente $57^{m}14$ à la minute, ou la valeur de *e*. Alors nous avons :

$$T = \frac{20000^{m} + 5/3\ 19788.8 + 9943}{57^{m}.14} = 1101' = 18^{h}21'.$$

Ne nous occupons pas maintenant du convoi et considérons seulement la marche des troupes. Nous obtiendrons :

$$T = \frac{20000 + 5/3\ 14818.8 + 4273}{57^{m}.14} = 857' = 14^{h}\ 17'.$$

Si l'allongement se réduisait à un tiers, on aurait :

$$T = \frac{20000 + 4/3\ 14818.8 + 4273}{57^{m}.14} = 696' = 11^{h}\ 36'.$$

D'où il résulte qu'un allongement d'un tiers de la colonne entraîne une augmentation de 2 heures 7 minutes dans la durée de la marche pour une étape de 20 kilomètres.

Longueur des marches. — Le temps considérable nécessaire aux marches en limite forcément l'étendue. Les auteurs sont tous d'accord à ce sujet.

« Une marche de 5 lieues est considérée « comme le maximum de ce qu'une armée en « marche-manœuvre peut faire, et cela en tenant « le soldat plus de douze heures sous les armes. » (De Ternay.)

« On est bien heureux quand un corps considé- « rable parcourt 15 à 20 kilomètres par jour. Si « on fait plus, on perd beaucoup de monde et « les marches forcées sont en peu de temps aussi « meurtrières qu'une bataille, surtout pour les « jeunes troupes. » (*Art de la guerre*, p. 17.)

« L'infanterie peut faire par jour 7 à 8 lieues « en dix heures de marche. Il s'en faut de beau- « qu'on puisse obtenir cette vitesse en marche- « manœuvre, le temps consacré à ployer les « troupes en colonne et à les déployer étant « perdu pour celui de la marche. Aussi regarde- « t-on l'espace de 5 lieues comme le maximum « de ce qu'une armée peut faire en un jour, et « souvent il faudrait tenir le soldat plus de douze « heures sous les armes et en mouvement pour « aller aussi loin. » (Fallot et Lagrange.)

Il faut donc se résigner à ne pas faire de longues marches, mais il serait à désirer qu'on pût les porter en moyenne à 24 kilomètres. En y joignant les mouvements de bivouac au départ et à l'arrivée, les hommes auront fait en réalité 28 kilomètres, ce qui est une limite qu'on ne peut dépasser sans inconvénient.

Les campagnes les plus rapides n'ont pas donné de résultats plus considérables. La moyenne même est au-dessous, comme le démontre le relevé suivant :

DÉSIGNATION.	NOMBRE de marches.	PLUS GRANDE marche.	PLUS COURTE marche.	MOYENNE par jour.
		kilomèt.	kilomèt.	kilomèt.
Campagne de 1796. . .	203	54	8	25
— de 1800. . .	135	38	4	17.13
— de 1805. . .	267	48	12	26
— de 1806. . .	94	49	5	25
— de 1815. . .	20	32	10	22
— de 1859. . .	130	31	8	15.5
— de 1866. . .	159	42	4	22.6
				kilomèt.
Moyenne générale.				21.89

Les Romains ne parcouraient pas de plus grandes distances. Dans la première campagne des Gaules, César, pressé de s'opposer à l'irruption des Helvètes, fait des marches de 24 à 25 kilomètres par jour. (*Vie de César*, t. II, p. 51.) Il avait alors 5 légions ou 30,000 hommes environ. Pendant la guerre, il ne fait plus guère que 20 kilomètres par jour. (*Vie de César*, t. II, p. 74.)

En l'année 679, César, quittant les Séquanes pour aller combattre les Belges, se rend en quinz jours de Besançon à Vitry-le-François (230 kilomètres), soit 15^{k}30 par marche. (*Vie de César*, t. II, p. 87.)

Marches forcées. — Le calcul met en évidence la difficulté d'effectuer des marches forcées avec de grandes masses de troupes. Elles ont été rares et exceptionnelles. Souvent elles n'ont pas atteint l'étendue que les relations historiques leur attribuent. L'exagération est facile et naturelle. Napoléon Ier lui-même n'y a pas échappé. Au sujet de la campagne de 1815, il dit : « L'armée fit 10 lieues dans cette première journée (le 15 juin). » (*Commentaires*, t. VI, p. 146.) Or la garde parcourut 28 kilomètres ; le 1er corps, 32 kilomètres ; le 2e (en partie seulement), 36 kilomètres ; le 3e, 32 kilomètres ; le 4e, 28 kilomètres ; le 6e, 26 kilomètres. La moyenne du trajet effectué ce jour-là par l'armée est donc de 30 kilomètres environ, soit 7 lieues et demie et non 10.

« Le système de Napoléon, selon Jomini, était « de faire 10 lieues par jour, de combattre et de « cantonner ensuite en repos. » Le relevé des marches effectuées dans plusieurs des principales campagnes prouve que c'est une erreur du grand écrivain militaire. Il donne comme règle ce qui n'a été que l'exception. La meilleure raison est que cela n'est pas possible pour un corps d'armée nombreux même sans convoi. Le temps ne le permettrait pas. En effet, pour une étape de 40 kilomètres, la formule donne

$$T = \frac{40000 + 5/3\ 14818.8 + 4273}{57^{m}.14} = 1207' = 20^{h}\ 7'.$$

La fatigue qui en résulterait pour les troupes serait un obstacle non moins absolu, et c'est ce qui a fait dire au plus célèbre des doctrinaires prussiens : « Une seule marche modérée n'émousse « pas encore l'instrument, mais une série de mar- « ches modérées le fait déjà, et une série de mar- « ches pénibles le fait naturellement bien davan- « tage. L'insuffisance de la nourriture et du lo- « gement, les mauvais chemins, la nécessité « d'être toujours prêt au combat, toutes ces cau- « ses amènent une dépense disproportionnée de « forces qui ruine les hommes, les animaux et « les équipages. » (Clausewitz.)

Une extension de la marche ordinaire, dans quelques cas urgents, peut avoir de bons effets, mais les marches forcées réitérées en ont infailliblement de mauvais. Après trois jours de marches étendues, quelquefois après deux, les hommes et les animaux sont harassés; il faut leur accorder un jour de station et on perd le bénéfice de la rapidité qu'on avait cru réaliser. Dans les registres de correspondance du premier Empire on trouve de nombreux faits de ce genre. Les commandants de corps d'armée se plaignent au major général de la fatigue excessive de leurs troupes et sollicitent des séjours.

Les exemples modernes tendent à prouver que les hommes qui ont le mieux réussi à la guerre n'ont presque jamais demandé à leurs soldats des marches anormales. Leur prévoyance, la justesse de leurs combinaisons, on pourrait presque dire leur prescience des événements, leur ont permis d'atteindre le but sans imposer aux hommes des efforts ruineux pour leur santé. Ils semblent avoir résolu la maxime du fabuliste :

Rien ne sert de courir, il faut partir à temps.

4° *Suppression du rassemblement au départ.*— Un des principaux avantages de ces calculs est d'éviter aux troupes la fatigue inutile qui résulte du rassemblement au départ ; de ne pas les astreindre à ces heures d'attente sous les armes qui les épuisent plus que la marche, car à la fatigue physique s'ajoute la fatigue morale ; de ne les tenir sous les armes que juste le temps nécessaire, et par conséquent de leur donner le plus de repos possible.

On ne peut arriver à ce résultat qu'en précisant à l'avance, à chacune des fractions, l'heure à laquelle elle doit se mettre en mouvement. Admettons pour un instant que le corps d'armée à 3 divisions se trouve réuni dans un seul bivouac et cherchons à quel moment la tête de chaque fraction principale devra s'engager sur la route à suivre à la sortie du bivouac, en supposant que le départ ait lieu à quatre heures du matin au débouché.

D'après les longueurs obtenues par les tableaux précédents et la vitesse supposée de 4 kilomètres à l'heure, nous obtenons les chiffres suivants :

Avant-garde.

La cavalerie d'avant-garde passera au débouché à	4h
L'avant-garde d'infanterie, 18 minutes après ou à	4 18m

Gros de la colonne.

La 1re brigade du gros de la colonne. 1 heure 33 minutes après ou à	5 51
La 1re brigade de la 2e division, 50 minutes après ou à.	6 41
La 2e brigade de la 2e division, 49 minutes après ou à.	7 30

Réserve.

La 1re brigade de la réserve, 61 minutes après ou à	8 31
La 2e brigade de la réserve, 50 minutes après ou à	9 21
Les batteries de réserve, 42 minutes après ou à. .	10 3
Le convoi, 1 heure 40 minutes après ou à.	11 43
L'arrière-garde, 2 heures 7 minutes après ou à. .	1 50

Nous avons supposé le corps d'armée massé pour ainsi dire sur un seul point. En réalité, il n'en est pas ainsi. Il y a parfois des distances de plusieurs kilomètres entre les différentes divisions. Il faut donc tenir compte de leur éloignement du point considéré comme celui du départ initial de la colonne, et avancer ou retarder l'heure de la mise en route des éléments, suivant cet éloignement. Ce serait un calcul facile à faire, mais on peut atteindre plus promptement le même résultat par un procédé graphique que j'indiquerai plus loin.

L'heure précise de chaque départ et les conditions de la marche ayant été exactement indiquées, le rassemblement devient sans objet. Il a une utilité pour un corps de troupes. Il n'a que des inconvénients pour une division et encore plus pour un corps d'armée. Il fatigue inutilement les hommes et les animaux par des heures d'attente. Il les prive pendant ce temps du repos qui leur est nécessaire pour réparer leurs forces. Pourquoi, par exemple, faire sonner le réveil dans tous les corps à la fois? Pourquoi leur faire prendre les armes en même temps, alors qu'il s'écoulera de longues heures entre leur mise en route successive?

Je suis obligé de constater que les écrivains militaires ont tous conseillé le rassemblement avant le départ. En voici un exemple particulièrement affirmatif :

« Quelle que soit au reste la manière dont les « troupes s'ébranlent, il faut, quand une colonne « n'est pas composée de troupes campées les « unes à côté des autres, que cette colonne at- « tende, allongée dans la direction où elle doit « marcher, qu'elle ait été jointe par les autres « troupes qui marcheront avec elle. Quand les « troupes de chaque colonne sont réunies, elles « s'ébranlent en même temps au pas de route. « C'est à cela que tient dès le commencement « la commodité de la marche, la diminution de « la fatigue pour les troupes et la certitude de « les avoir rassemblées sur l'espace qu'elles doi- « vent occuper pendant toute la marche. » (De Ternay, t. I, p. 110.)

Cette théorie est un souvenir de la coutume généralement usitée sous le premier Empire. Les registres d'ordres de ces temps en offrent de nombreux exemples.

5e Corps. — Rapport sur la marche du 13 octobre 1805.

« La générale a été battue à 5 heures du matin « au quartier général, dans les bivouacs et dans « les cantonnements. Les troupes ont aussitôt « pris les armes et se sont dirigées sur Guntz- « bourg en une seule colonne marchant dans « l'ordre suivant : brigade de chasseurs à cheval; « division de grenadiers et son artillerie; divi-

« sion Suchet et son artillerie ; avec un esca-
« dron ; division Gazan et son artillerie ; divi-
« sion de dragons.

« Le soir, le corps d'armée a pris les cantonnements suivants, etc... »

En voici un autre exemple plus concluant encore :

2ᵉ Corps. — (18,000 hommes). — Ordre du 13 mai 1813.

« Le premier sera battu demain à 4 heures du
« matin, le rappel à 4 heures et demie, et les
« troupes se rassembleront immédiatement après
« pour être sous les armes et les appels faits à
« 5 heures. La cavalerie sera à cheval à la même
« heure, etc...

« Rassemblement sur la route de Desseau, pour
« partir à 6 heures, etc... »

Malgré l'autorité considérable qui s'attache aux noms et aux faits de cette grande époque, il est difficile qu'une méthode aussi funeste ne soit pas l'objet de critiques fondées. Une des plus sérieuses est formulée dans ces quelques lignes d'un témoin oculaire : « Une des causes qui con-
« tribuèrent le plus à ruiner la cavalerie en 1812
« fut la faute journellement commise par Murat
« de faire mouvoir l'immense corps de troupes à
« cheval placé sous ses ordres en une seule
« masse, souvent en une seule colonne, *avec les*

« *mêmes heures de rassemblement et de départ* « *pour tous les régiments* ; de telle sorte que « souvent l'un d'eux *restait à cheval sur place* « *pendant quatre heures avant de rompre*, et « que les chevaux étaient bridés et chargés un « temps trois fois plus long que celui pendant le- « quel ils avaient effectivement marché. » (*Art de la guerre*, p. 24.)

Il ne serait pas juste de prétendre que le rassemblement avait toujours lieu dans les armées du premier Empire. Cette allégation serait trop absolue. Nous avons assez de renseignements pour croire qu'il constituait une habitude assez générale. Ce qui le prouve mieux que toutes les citations, c'est que les hommes qui avaient pris part à ces grandes luttes, ont cru devoir introduire l'obligation du rassemblement dans le *Règlement sur le service en campagne*. Les dispositions relatives au départ sont contradictoires dans une certaine mesure, et, par conséquent, elles laissent une place à l'appréciation. Je rappelle ici le texte des trois articles dont il s'agit :

« Art. 122. — Lorsque l'armée doit se mettre « en marche, on bat le premier une heure avant « le départ. Chaque régiment ne fait battre le « rappel qu'au moment précis de se mettre en « route et de prendre rang dans la colonne. »

« Art. 124. — On ne bride qu'au moment de « se mettre en route. »

Ces deux articles admettent donc que le réveil

aura lieu pour tout le monde à la même heure, mais que les départs seront successifs. Cette disposition se trouve infirmée par l'obligation du rassemblement général prescrit par l'article 127.

« Art. 127. — En arrivant au rendez-vous, « l'infanterie et la cavalerie, à moins d'indica- « tion contraire, se placent d'après leur rang « dans l'ordre de bataille et se forment en co- « lonnes serrées. Lorsque l'artillerie et les équi- « pages restent sur la route, on les range en file « sur un des côtés. Le moment où les troupes « des corps différents qui ont à parcourir la même « route doivent se remettre en marche est réglé « dans l'intérêt du service par l'officier le plus « élevé en grade. »

Le manque de clarté dans les prescriptions de ces différents articles laisse la faculté de préférer les indications des articles 122 et 124 à celles de l'article 127.

Si les corps n'arrivent au lieu du rassemblement qu'au moment où ils doivent entrer dans la colonne, il n'y a pas de rassemblement. Si l'on veut que toutes les troupes soient réunies avant de rompre, on perdra un temps énorme, même quand on ne se grouperait que par division.

Il faut encore remarquer que la crainte d'être en retard conduit à arriver toujours plus tôt qu'il ne convient. Le prince de Ligne en fait justement la remarque : « Il est prouvé, dit-il, que si le

« commandant de l'armée lui dit de partir à 4 « heures, le général de cavalerie ou d'infanterie « dit à 3 heures et demie, le lieutenant général « à 3 heures, le général-major à 2 heures et « demie, le colonel à 2 heures, et ainsi des au- « tres jusqu'au dernier appointé qui se mêle de « ces affaires. Si l'on n'y prend garde, un régi- « ment est sous les armes 3 heures plus tôt qu'on « ne l'a ordonné. »

Ces observations sont vraies. Pour éviter l'inconvénient qu'elles signalent, il faut donner des heures de départ précises et exiger qu'on s'y conforme rigoureusement. Cela étant, le rassemblement n'a plus de raison d'être. La colonne se formera en marchant sans espace perdu comme sans encombrement. Chaque fraction se présentant au débouché en temps opportun trouvera la voie libre et s'y engagera sans retard. Chaque corps commencera donc son étape à partir du terrain où il aura campé, pour ne la terminer que sur l'emplacement de son nouveau bivouac.

La suppression du rassemblement permet encore de laisser aux hommes plus de temps pour prendre leur repas. Le règlement dit, art 122 : « Le jour de marche, la soupe est, autant que « possible, mangée avant le départ. » Cette prescription est très-sage. Il faut que les hommes mangent la soupe au moins une fois par jour. Si elle n'est pas faite le matin, comme on arrive souvent très-tard au bivouac, les hommes, pressés de dormir, la cuisent incomplétement le soir, et leur santé en souffre. L'examen des heures des départs successifs montre que la cavalerie d'avant-garde et la 1re division seulement n'auraient pas le temps de manger la soupe avant le départ. Elles se borneront au café; mais ces troupes devant atteindre de bonne heure le bivouac, cela n'aura pas d'inconvénient. Tout le reste du corps d'armée, au contraire, peut faire un repas solide avant de se mettre en route. La confection de la soupe n'exige que 3 heures. Si on la commence à 2 heures du matin, elle sera prête à 5 heures, mangée à 5 heures et demie, et la 1re brigade de la 2e division ne peut rompre avant 5 heures 41 minutes. A l'exception de l'avant-garde et de la 1re division, toutes les autres troupes ont encore le temps, avant le départ, de procéder aux distributions. Il ne resterait donc à servir, en arrivant au bivouac, qu'une division et la moitié de la cavalerie. J'indique seulement ces détails, qui rentrent plus spécialement dans la question des bivouacs, ainsi que tout ce qui se rattache à la transmission des ordres.

Il ne suffit pas de calculer exactement l'heure des départs de chaque élément, il faut en outre que chacun d'eux observe les mêmes règles en marche. Sans cela l'uniformité serait rompue et des à-coup s'ensuivraient inévitablement. A partir du moment où chaque tête de fraction est entrée dans la colonne, il faut qu'elle marche exactement une heure complète, et fasse régulièrement une pause de 10 minutes en même temps que les autres.

Quelques officiers pensent qu'un chef de colonne doit varier la longueur des temps de marche ou de repos, selon la température, le terrain, la fatigue des hommes, etc... Si à la rigueur on pouvait admettre ce mode pour de petites colonnes isolées, ce qui est d'ailleurs très-contestable, il faudrait absolument le rejeter pour une série de colonnes subordonnées les unes aux autres. Dans ce cas, il est indispensable de procéder avec une entière régularité. Le commandant du corps d'armée ayant donné chaque jour les indications de marche, tous les commandants des diverses fractions doivent les appliquer rigoureusement. C'est une condition absolue pour la bonne exécution du mouvement.

S'il est effectué sans confusion, sans à-coup, sans temps d'arrêt, l'étape s'accomplira facilement. Pour un parcours de 22 kilomètres, en moyenne, chaque élément ne doit rester en route que 6 heures 20 minutes, y compris cinq pauses de 10 minutes chacune. Un trajet de cette durée ne nécessite pas de grande halte et il faut éviter d'en faire en guerre, surtout avec une grosse colonne. Ces haltes prolongées sont dangereuses et font perdre un temps énorme. Elles n'ont aucune utilité si on a eu le soin de faire manger les hommes avant le départ.

5° *Plan de marche.* — Quelle que soit l'utilité de ces calculs pour assurer la régularité et la rapidité de la marche, ils seraient dépourvus d'application efficace, s'ils devaient exiger trop de peine ou trop de temps. En guerre les loisirs ne sont pas grands et il faut opérer avec promptitude. Il importe de réduire les écritures, et, par conséquent, de restreindre autant que possible le travail. C'est ce que nous avons surtout cherché.

Le calcul des longueurs des éléments et de la totalité, une fois établi, ne comporte pas des variations quotidiennes sensibles. On peut les opérer durant les séjours. D'ailleurs, ils n'affectent que certaines portions, la plupart étant invariables. Le travail de tous les jours, c'est la détermination des heures relatives de départ des fractions principales, selon les conditions fixées par le commandant du corps d'armée. A la rigueur, cela pourrait se faire par le calcul.

Mais il y a d'autres renseignements qui demandent à être fournis durant la marche et qu'il serait impossible de donner immédiatement par le calcul. Tels seraient la position des têtes de chaque fraction à tout moment; le temps nécessaire au déploiement de la colonne sur un point quelconque; les heures d'arrivée à chaque endroit, etc... Préoccupé de la nécessité de fournir instantanément de nombreux renseignements aussi bien que de diminuer la besogne, j'ai essayé diverses combinaisons et je crois en avoir trouvé une très-pratique, dans un procédé graphique, imité de celui en usage dans les chemins de fer.

Pour cela on dresse un tableau dans lequel e mouvement de chaque fraction de la colonne est représenté au moyen de coordonnées. Les ordonnées, disposées de 10 en 10 minutes ou de 15 en 15 minutes, indiquent le temps. Les abscisses représentent les distances kilométriques. La résultante du temps écoulé et de l'espace parcouru donne le mouvement effectué.

Avec du papier quadrillé, imprimé à l'avance ou tracé à la main, on arrive à établir très-rapidement le plan de marche d'un corps d'armée. Le tableau n° 21, à la fin de cette étude, en offre un exemple. Supposons que la ligne du kilomètre 4 passe par le lieu où la colonne doit commencer à se former, et que 4 heures du matin aient été indiquées pour le départ de la pointe d'avant-garde en cet endroit.

L'intersection B de l'ordonnée de 4 heures et de l'abscisse 4 marque le point de départ de la cavalerie, si elle est campée là. Si elle se trouve plus en arrière de 3 kilomètres, qu'elle met 40 minutes à parcourir (y compris une pause), elle devra partir de son bivouac A à 3 heures 20 minutes, de manière à passer en B à 4 heures. Son mouvemement jusqu'au bivouac s'indique facilement selon l'allure à laquelle elle marchera et en lui ménageant un repos de 10 minutes après chaque heure de marche. En supposant qu'elle aille au pas à une vitesse de 6 kilomètres à l'heure, sa marche se trouve figurée par la ligne ABCDE.

Les heures de passage de chacune des fractions de la colonne, au kilomètre 4, sont données par la conversion en temps de la longueur de la fraction précédente, augmentée de la distance qui doit la séparer de celle qui la suit.

La colonne de cavalerie a 1800 mètres de longueur ; elle s'écoulera en 18 minutes au pas. La distance entre sa gauche et la droite de l'infanterie est de 1700 mètres, qui, à l'allure des fantassins, équivalent à 25 minutes. L'infanterie d'avant-garde devrait donc passer au quatrième kilomètre 18 + 25 = 43 minutes après la tête de la cavalerie ; mais comme celle-ci marche plus vite et aura bientôt gagné cette avance de 1700 mètres, on peut, pour ne pas perdre de temps, mettre l'infanterie en route dès que la cavalerie est passée. Le point F sera donc à 18 minutes seulement de B.

En opérant de même, la tête du gros doit être à une distance de 3,831 + 2,400 = 6,231 mètres de la tête de la 1re brigade ; ce qui équivaut à 1 heure 33 minutes. Le point G sera donc marqué à 1 heure 33 minutes de F et ainsi des autres, H, I, J, K, L, N et O.

Les corps étant souvent campés en avant ou

en arrière, sur la droite ou sur la gauche du point de départ initial de la colonne, il convient de tenir compte de leur trajet obligé pour se rendre au débouché ou de retarder leur départ s'ils sont déjà au delà. Ainsi la 1re brigade de la 1re division, supposée campée à 3^k5 en arrière du point de départ, quittera son bivouac F' à 3 heures 20 minutes, de manière à passer au kilomètre 4 à 4 heures 18 minutes.

La 2e brigade de la même division, devant passer en G à 5 heures 51 minutes, partira de son bivouac G' à 4 heures 49 minutes, etc.

Pour déterminer ces heures, les caculs sont superflus; les points B, F, G, H, I, J, K, L, N, O étant marqués sur le kilomètre 4, le tracé graphique passant par ces points indique naturellement l'heure du départ du bivouac occupé par chaque fraction de la colonne.

La 1re brigade de la 3e division devrait entrer dans la colonne en J, à 8 heures 31 minutes. Comme elle est supposée placée à 1 kilomètre en avant du point base du départ général, elle ne quittera son bivouac J' que 15 minutes plus tard, c'est-à-dire à 8 heures 46 minutes.

Lorsqu'on aura tracé la ligne L'P, suivie par la gauche des batteries de réserve, et la ligne N'NT, décrite par la tête du convoi, on déterminera la ligne du mouvement de la seconde portion de la cavalerie qui doit s'effectuer entre elles. Pour la figurer, on commencera par le point d'arrivée, et le point S sera marqué 5 minutes après P ; puis, traçant la ligne S, R, Q, M, M', en rétrogradant, on obtiendra le point M', qui fixe 10 heures 10 minutes pour le moment où la cavalerie doit quitter son bivouac M'. Il ressort de là que, pour assurer à cette portion de la cavalerie sa liberté d'allure, sa première pause QQ' doit être de 40 minutes, et sa seconde RR' de 38 minutes. Chaque régiment divisionnaire campant habituellement avec sa division, il faudra chercher l'heure de son départ selon l'endroit où il aura bivouaqué.

Ce tracé graphique, beaucoup plus simple à faire que la description ne le laisse pressentir, permet de préciser toutes les combinaisons imaginables. Dans l'exemple cité plus haut, la cavalerie d'avant-garde est supposée marcher librement au pas, à raison de 6 kilomètres à l'heure. Le commandant du corps d'armée peut décider qu'elle ne s'éloignera pas de plus de 4 kilomètres de la tête de l'infanterie. Dans ce cas, pour ne pas changer l'allure des chevaux, il est nécessaire d'augmenter la durée des pauses. Pour connaître leur longueur, il suffit, après avoir tracé la marche de l'avant-garde d'infanterie, de prendre les distances UC' et VD'' égales à 1 heure ; alors les distances CC' = 40 minutes, D'D'' = 36 minutes, donneront les durées des pauses qui seront prescrites dans l'ordre de mouvement à la cavalerie, et dont la ponctuelle observation lui permettra de se maintenir à la distance fixée par le commandant du corps d'armée.

Le plan de marche ainsi tracé fournit sans calcul les heures de départ et les indications de marche. Le corps d'armée l'établirait pour les fractions principales. Chaque division agirait de même pour les groupes secondaires.

Ce plan de marche offre le moyen de se rendre compte à chaque instant des points où se trouvent les différentes fractions. Sur la marge, il serait bon d'indiquer à leur distance kilométrique les points principaux de la route, afin de se repérer facilement.

A 7 heures 15 minutes, par exemple, le général commandant, marchant avec l'avant-garde d'infanterie, et parvenu en Y, veut, dans une prévision quelconque, connaître la position exacte des principales fractions de son corps d'armée. D'un coup d'œil, en remontant l'ordonnée de 7 heures 15 minutes, il voit la tête du gros de sa colonne en Z, traversant le village, et la gauche du gros sortant à peine de son bivouac.

Si à ce même point Y, à 7 heures 15 minutes, le commandant du corps d'armée, ayant l'intention de combattre, désire savoir les heures auxquelles ses divers éléments arriveront en ligne à sa hauteur, il suivra l'abscisse du point Y, et les ordonnées des points *a*, *b*, *c*, *d*, *e*, *f*, *g*, *h*, où elle rencontre les lignes de mouvement des diverses fractions, lui diront aussitôt :

Arrivée de la tête du gros (*a*), 8 heures 45 minutes;

Arrivée de la 2ᵉ division (*b*), 9 heures 45 minutes;

Arrivée de la 3ᵉ division (*d*), 11 heures 25 minutes;

Arrivée des batteries de réserve (*f*), 12 heures 55 minutes.

Si, dans un autre ordre d'idées, le commandant, arrivé au point Y, jugeait à propos de faire arrêter sa division de réserve avant qu'elle s'engageât dans le bois, le plan de marche lui montrerait qu'à ce moment cette division sort du bois et qu'il n'est plus temps de suspendre son mouvement.

Ce cas est un exemple. Dans tout autre, le tableau n° 21 permet au commandant du corps d'armée de prendre opportunément telle ou telle mesure relative aux diverses fractions, en le renseignant exactement sur la position de chacune d'elles et sur le temps nécessaire pour leur transmettre ses ordres.

Le tracé graphique offre enfin, au commandant du corps d'armée, la faculté de contrôler la marche de ses têtes de colonne et de s'assurer que ses instructions sont suivies. Le plan de marche n'est au début d'une campagne qu'une prévision, mais après quelques journées de route il doit arriver à une approximation différant extrêmement peu de la vérité. Pour arriver à redresser les erreurs d'appréciation de vitesse et d'allongement, il importerait que l'adjudant-major de chaque tête de fraction fût chargé de faire faire les pauses aux heures et dans les conditions prescrites et qu'il inscrivît sur un carnet les heures auxquelles les arrêts réguliers ou accidentels se sont produits, leur durée et l'endroit précis où la halte a eu lieu. A l'arrivée au bivouac, ces renseignements seraient transmis à l'état-major. Le plan de marche, tracé la veille au crayon, serait passé à l'encre et modifié d'après les documents fournis par les adjudants-majors. La comparaison des prévisions de marche avec les faits constatés montrerait au commandant du corps d'armée en quoi on s'est écarté de ses instructions, ou le mettrait à même, d'après les résultats obtenus, de modifier à l'avenir ses prévisions.

Le plan de marche, rectifié et collé sur le journal de marche, constituerait la meilleure statistique de la marche; il fournirait des renseignements précieux, soit au point de vue technique, soit au point de vue historique. L'examen des journaux de marche des armées aux différentes époques montre qu'il y a sous ce rapport une lacune qu'il serait très-important de combler. Le tracé graphique journalier du plan de marche paraît un moyen simple et pratique d'y arriver.

Cette méthode a sous bien des rapports des avantages incontestables. Elle peut s'appliquer, avec quelques modifications, à la marche de toute

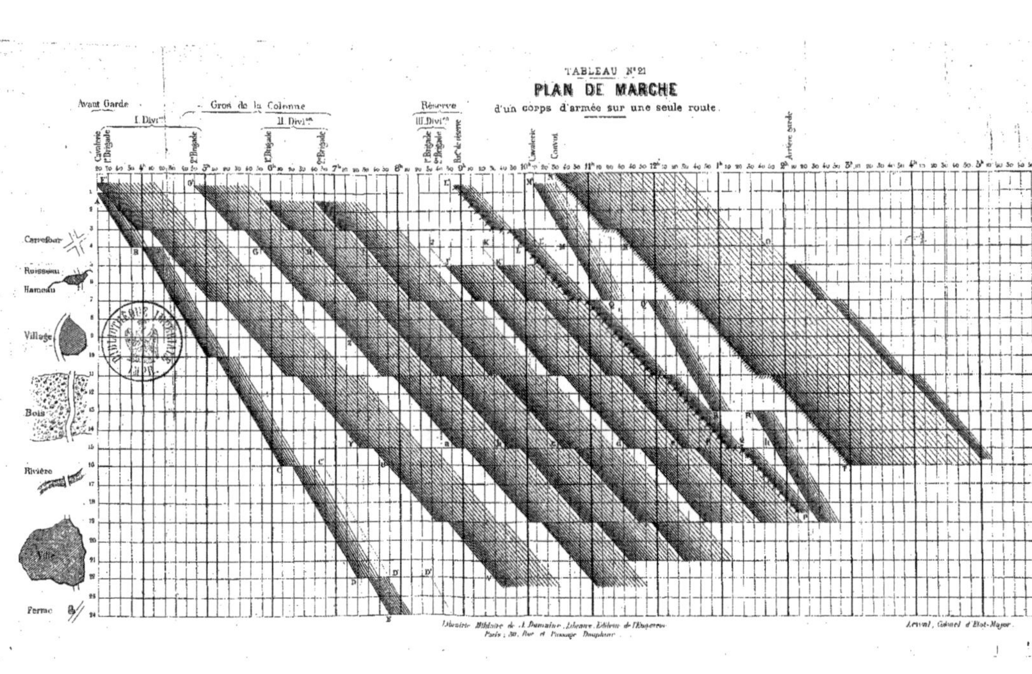
TABLEAU N°21
PLAN DE MARCHE
d'un corps d'armée sur une seule route.
Avant Garde
Gros de la Colonne
Réserve
I. Divⁿ
II. Divⁿ
III. Divⁿ
Cavalerie
1re Brigade
2e Brigade
1re Brigade
2e Brigade
1re Brigade
2e Brigade
Rie de réserve
Cavalerie
Convoi
Arrière garde
Carrefour
Ruisseau
Hameau
Village
Bois
Rivière
Ville
Ferme
Librairie Militaire de J. Dumaine, Libraire-Éditeur de l'Empereur.
Paris; 30, Rue et Passage Dauphine.
Leval, Colonel d'État-Major.

une armée sur des routes différentes. C'est donc une idée que je me permets de recommander à l'attention de tous les officiers. J'espère qu'il s'en trouvera parmi eux quelques-uns qui sauront la perfectionner et élargir le sillon que j'ai tracé.

CONFÉRENCES RÉGIMENTAIRES

Publiées en 1869.

1re Conférence : Considérations générales sur l'état militaire de la France et des principales puissances étrangères. Rapporteur : M. Nugues, Lieutenant-Colonel d'état-major. In-18. 30 cent.

2e Conférence. — I. Armement nouveau. II. Considérations générales sur les modifications que la tactique doit subir par suite du nouvel état de l'armement européen. Rapporteur : M. Maldan, Chef d'escadron d'artillerie. In-18. 30 cent.

3e Conférence sur l'emploi des Chemins de fer à la guerre et sur la Télégraphie militaire. Rapporteur : M. Prévost, Chef de bataillon du génie. In-18. 30 cent

4e Conférence sur la Tactique séparée de la cavalerie. Rapporteur : M. Savin de Larclause, Chef d'escadrons au 3e hussards. In-18. 30 cent.

5e Conférence. Exposé sommaire de la Campagne d'Allemagne en 1866. Rapporteur : M. Ch. Fay, Chef d'escadron d'état-major. In-18. 30 cent.

6e Conférence sur la Tactique de l'infanterie prussienne pendant la campagne de 1866. Rapporteur : M. Heintz, Chef de bataillon au 3e régiment de voltigeurs de la garde impériale. In-18. 30 cent.

7e Conférence sur l'emploi de la Cavalerie en Allemagne pendant la campagne de 1866. Rapporteur : M. Charreyron, Lieutenant-Colonel du 11e régiment de chasseurs. In-18. 30 cent.

8ᵉ Conférence sur la Tactique des trois armes dans la division. Rapporteur : M. LANTY, Chef de bataillon du génie. In-18. 40 cent.

9ᵉ Conférence. De la Géographie de l'Allemagne. Rapporteur : M. Ch. FAY, Chef d'escadron d'état-major. In-18. 40 cent.

10ᵉ Conférence. De l'organisation militaire de l'Allemagne. Rapporteur : M. Ch. FAY, Chef d'escadron d'état-major. In-18. 30 cent.

11ᵉ Conférence sur l'Artillerie de campagne, son emploi dans les guerres d'Allemagne en 1866. Rapporteur : M. SAUNIER, Lieutenant-Colonel du 11ᵉ d'artillerie. In-18. 40 cent.

12ᵉ Conférence sur le rôle de la Fortification passagère dans les combats. Rapporteur : M. F. PREVOST, Chef de bataillon du génie. In-18. 30 cent.

Conférence sur le Service de santé en campagne ; par M. LEGOUEST, Médecin principal de 1ʳᵉ classe. In-18. 40 cent.

Conférence sur la Garde nationale mobile. Rapporteur : M. Ch. CORBIN, Chef d'escadron d'état-major. In-18. 40 cent.

Conférence de quelques récents travaux sur la Tactique. In-18. 30 cent.

Carte du théâtre des opérations en Bohême, en 1866. 1 feuille. 30 cent.

Plan de la bataille de Sadowa, 3 juillet 1866. 1 feuille. 30 cent.

NOTA. — Ces deux cartes sont publiées à l'appui de la conférence régimentaire nº 5. — Exposé sommaire de la campagne d'Allemagne en 1866.

Carte générale de l'Allemagne contenant, outre les indications géographiques habituelles, et les nouvelles divisions politiques, les lignes principales des chemins de fer allemands. 1 feuille. 30 cent.

NOTA. — Cette carte est publiée à l'appui de la conférence régimentaire nº 9 sur la géographie de l'Allemagne.

PARIS. — IMPRIMERIE COSSE ET J. DUMAINE, RUE CHRISTINE, 2.

www.ingramcontent.com/pod-product-compliance
Ingram Content Group UK Ltd.
Pitfield, Milton Keynes, MK11 3LW, UK
UKHW022109190726
13855UKWH00002B/732

9 782013 069717